太湖生态岛历史文化丛书

太湖西山掌故

苏州市吴中区金庭镇历史文化研究会 编著

苏州大学出版社

图书在版编目（CIP）数据

太湖西山掌故 / 苏州市吴中区金庭镇历史文化研究会编著 . -- 苏州：苏州大学出版社，2022.12
（太湖生态岛历史文化丛书）
ISBN 978-7-5672-4308-8

Ⅰ.①太… Ⅱ.①苏… Ⅲ.①地名—掌故—苏州 Ⅳ.① K925.33

中国国家版本馆 CIP 数据核字（2023）第 009385 号

TAIHU XISHAN ZHANGGU
太 湖 西 山 掌 故

编　　著：	苏州市吴中区金庭镇历史文化研究会
责任编辑：	倪浩文
出版发行：	苏州大学出版社
社　　址：	苏州市十梓街 1 号
邮　　编：	215006
网　　址：	http://www.sudapress.com
邮　　箱：	sdcbs@suda.edu.cn
印　　刷：	苏州市深广印刷有限公司
开　　本：	890 mm × 1 240 mm　1/32
印　　张：	4.75
字　　数：	103 千
版　　次：	2022 年 12 月第 1 版
印　　次：	2022 年 12 月第 1 次印刷
书　　号：	ISBN 978-7-5672-4308-8
定　　价：	40.00 元

若有印装错误，本社负责调换
苏州大学出版社营销部　电话：0512-67481020

◎ 编委会

主　编　金培德
副主编　邹永明
编　委　金培德　邹永明　秦伟平
　　　　莫同兴　李兆良　蒋建法
　　　　吴国良　张　成　黄永良
　　　　陈炳华

◎ 悠久的西山流淌着优美的故事

西山的历史很悠久,可以从新石器时代算起。这样一算,就有五千多年历史了。这么悠长的时空里,没有故事才怪呢。

民间故事的诞生,源自人们对大自然的敬畏,对美好生活的期盼与追求,亦反映了一方山水的风情文脉。百姓的精神生活需要这种人文故事,来旅游的过客更需要这种民间故事来提高旅游的兴致。当你来到一个景点,如果单单是见到了一棵树、一座桥、一个土墩,若它没有新奇之处,更没有人文底蕴的话,那你就不会留下什么深刻的印象,更不会有一种亢奋的情感共鸣。然而,当有人为你讲述了那棵树的故事,那土墩里的可歌可泣的人文故事后,相信,你的情感是不一样的。这就是民间故事的魅力所在,这就是文化旅游的奇妙之处。记得十九年前,当《姑苏晚报》宣布请我做一回导游,讲讲古村落的故事时,许多多次来过西山的苏州游客还是踊跃报名,他们就是冲着我讲故事来的。所以我说,文化旅游才更吸引人。而西山并不缺失这种文化。西山的故事很多,也很美。美得让人津津乐道,口口相传。

西山的一座山、一个村、一幢房屋、一棵树、一条街，甚至是一个渡口等，都有着优美的故事与传说。而这些人文故事，流传在西山的七村八巷九里十三湾里，散落在林屋洞、缥缈峰、石公山、明月湾等景点之中。今天，金庭镇历史文化研究会把故事收集起来，汇成一本集子，供人们阅读、欣赏、品味，希望能成为人们茶余饭后的精神享受，为太湖生态岛的发展，做出努力与贡献。

相信这种努力不会白费。是为代序。

金培德

2022 年 12 月

◎ 目 录

太湖	/ 1
太湖七十二峰	/ 4
大禹与林屋洞	/ 6
西山	/ 9
西山老虎要吃人	/ 11
西施与太湖银鱼	/ 13
碧螺姑娘	/ 15
天下第九洞	/ 18
古洞仙道	/ 20
林屋洞顶旗杆石	/ 22
飘荡在缥缈峰上的故事	/ 25
流淌在明月湾里的故事	/ 39
乾隆与东村	/ 48
苏东坡与来鹤亭	/ 54
石公石婆	/ 57
可盘湾	/ 63
瓦山	/ 65
绮里马蹄桥	/ 67

倪家坞里渔祖庙	/ 70
东湖寺	/ 72
东湾一粟庵	/ 74
长寿寺半坐的韦驮	/ 77
鹿饮泉	/ 79
砻糠搓绳牵蛇山	/ 81
善心造就片牛山	/ 84
鼋背山与鼋头山	/ 87
思夫山	/ 91
夏泾大圣堂	/ 94
阴山岛古樟	/ 97
忠义五老爷	/ 99
伤心五女坟	/ 101
小娘坟	/ 105
水月坞无碍泉	/ 108
诸稽郢传下诸家河头	/ 111
杨千斤与李八百	/ 114
周文者	/ 115
徐太保	/ 117
抗倭义士群英冢	/ 120
小西湖平底螺	/ 122
孙坞与待诏坞	/ 125
乾隆与铲刀汤	/ 129
秦敏树之《林屋山民送米图》	/ 132

留婴堂与暴式昭 / 135
包山寺护书记 / 137
横山岛打响苏州太湖抗日第一枪 / 139
鹿村小学的革命斗争 / 141

编后记 / 144

太湖

据传在很久很久以前，有一年，王母娘娘过大寿，想变着法子收钱。玉皇大帝自然也得给面子，捧场啊，送啥好呢？既要拿得出手，又得新颖气派，最好还能给下属点威慑力。玉皇大帝可算动足了脑筋，整整想了六六三十六天，才令自己满意。打定主意后，挑选了七七四十九名能工巧匠，用了九九八十一斤银子，浇铸成了一只大银盆。玉皇大帝还在自己的宝库里挑选出了七十二颗最大的宝石，吩咐心灵手巧的司工天神嵌在银盆里。银盆里还有五彩玉石雕刻的千姿百态的各种动物。

玉皇大帝非常满意，心想这下可该把王母娘娘哄高兴了吧。这一天，王母娘娘的大寿之日到了。文武百官各显神通，都拿出了各自压箱底的宝贝：太白金星的礼物是一对玉如意，托塔李天王献的是一颗硕大无比的夜明珠，天蓬元帅双手托的是一个玉枕……一个个比赛似的，把王母娘娘看得心花怒放，频频颔首微笑，一双眼睛便瞄向了玉皇大帝，意思是说你手下都挺懂事挺能干的，你倒给老身准备了些啥？玉皇大帝暗自得意：幸亏自己留了一手，准备得及时，不然的话，嘿嘿，还真下不了台。玉皇大帝不动声色，命四大金刚小心翼翼地抬出银盘，还特地卖了一个小关子，拿了块大红绸把个银盘兜得严严实实。王母娘娘满腹狐疑，等玉皇大帝把红绸轻轻挑开，王母娘娘惊呆了：哪有这么完美的艺术品啊，要气派有气派，要工艺有工艺，嗨，那宝石真是无可挑剔！王母娘娘顿时两眼放光，兴奋莫名。

生日是风风光光地度过了，面对一大堆生日礼物，特别是那珍贵的银盘，王母娘娘一时没了主意，怕这些宝贝被偷走啊。王母娘娘吩咐手下将银盘收藏起来，并且命一百零八天兵天将日夜看守，不得有丝毫的闪失。

可天有不测风云，还是出了纰漏。也怪王母娘娘太势利，做寿各路神仙请遍，偏偏忘了孙猴弼马温。孙猴知晓后勃然大怒：好你个婆娘，看我官小不上品，欺负到齐天大圣头上来了！孙猴猴性大发，大闹天宫，什么人劝都不管用。他才不管是文物还是宝贝呢，抽出如意金箍棒，不管三七二十一，看到哪儿打到哪儿，碰到什么砸什么，一直打到王母娘娘的宝库。一百零八个天兵天将也顾不得体面了，四散逃命。孙猴怎懂得见好就收的道理，见眼前一

个明晃晃的大银盘,一棒上去,哗啦……这下可好,银盘从天上直落到凡间,随着巨大的惯性,银盘在大地上砸了个大坑,白花花的银子化作了白花花的水,形成了一个大湖,这便是我们赖以生存的太湖。七十二颗宝石变成了七十二座山峰,最大的一颗也就是现在的太湖第一峰——缥缈峰。那些玉石雕刻的鱼则变成现在太湖三宝之一的银鱼。当时孙猴用金箍棒将银盘挑起来时将盘戳了个大洞,就是现在的天下第九洞天——林屋古洞。一棒横扫过去时,由于用力过猛,棒扫一大片,就形成了现在石公山硕大无比的奇景——明月坡。

我们真要感谢齐天大圣孙悟空。正因为有了他的大闹天宫,才有了现在的太湖,才有了现在著名的七十二峰,才有了我们有山有水有风景的美丽家园。

太湖

太湖七十二峰

我国五大淡水湖中，要算太湖里的山峰最多。为啥太湖中有这么多的山峰？这要从秦始皇南巡说起了。秦始皇统一六国之后，他知道国家地盘很大，但不知道究竟山有多少，水有多少，田有多少，就派出大臣到全国各地去丈量计算。丈量后，大臣们回来报告说："我国的地盘是三山六水一分田。"秦始皇一听，觉得山太多，水也太多，就是田太少了。怎么办呢？秦始皇想：我有一根赶山鞭，何不把山赶到水里去，这样一来，不就山也少了，水也少了，田就多了么？

秦始皇想好之后，决定带着赶山鞭，到天下去巡游。他巡游到太湖边上，只见湖水望不到边，好大啊！他一问当地官员，说有三万六千顷。再看看太湖边上，山峰一个连着一个，一问当地官员，说有三千六百个。秦始皇一边看，一边想：这里湖大山多，正好把山赶到湖里去。于是举起赶山鞭，看到一山挥一鞭，挥起一鞭赶一山。一会儿这里"扑通"，赶下一座山；一会儿那里"扑通"，又赶下一座山，把太湖闹翻了。

太湖接近东海，属东海龙王管辖，虾兵蟹将立即将秦始皇赶山的事报告东海龙王。龙王一听，心里急啦：把山头赶到湖里，我的子孙没有地方待啦，我的地盘也缩小啦，倘若让他再赶下去，湖海都填平了，我住到啥地方去？龙王急得团团转，想来想去没有办法。这时，他的小女儿来了。小女儿聪明伶俐,一见父王这个样子,便问道:"父王,你为何这般模样?"龙王把秦始皇赶山填湖的情况说了一遍。小女儿想了想说:"父王不必着急,女儿自有办法。"接着,便附在龙王耳边说了几句,龙王听了大喜道:"好!好!就这样办!"

再说,秦始皇在湖边赶山,每天赶下九座,一连八天,一共赶下了七十二座山。这天,秦始皇拿着鞭子,来到一座高山下,正要举鞭,忽见山脚下有间草屋,屋里有个姑娘在纺纱。秦始皇走近一看,啊!这姑娘多漂亮呀,心想:我见过天下多少美女,哪一个比得上她!秦始皇连赶山也忘记了,立即叫人把姑娘抢进了皇宫。晚上,姑娘和秦始皇一起喝酒,秦始皇喝得烂醉如泥,死猪一样睡着了。这时,姑娘偷偷找到赶山鞭,一阵风似的离开皇宫,回到东海龙宫里去了。

原来,这姑娘就是东海龙王的小女儿变的,她知道秦始皇好色,就变了个漂亮的姑娘,故意让秦始皇抢去,好拿走他的赶山鞭。现在,立在太湖中的七十二峰,就是当年被秦始皇用赶山鞭赶下湖的。秦始皇失去了赶山鞭,就没法继续赶山了。要不,太湖中的山头还要多呢!

太湖群峰

大禹与林屋洞

在林屋洞入口的上方,有一方清代俞樾书、蔡式昭刻石"灵威丈人得大禹素书处"的摩崖石刻。这方石刻背后有一个关于大禹与林屋洞的传说故事。

相传帝尧时代,中原洪水泛滥。百姓苦不堪言。尧派大禹的父亲鲧治理洪水,未果。舜就派鲧的儿子禹继续治理洪水。就这样,大禹踏上了治水的征途,来到了波涛奔涌的太湖边……

大禹少小聪慧,虚心好学,善于思考。他看到了父亲治水的失败,受命后,就详细地询问了治水的整个过程。然后,率领伯益、后稷等一批忠实助手,跋山涉水,顶风冒雨到太湖地区进行实地勘察。

大禹

太湖七十二峰,大禹一山一山地走访。有一年,他带领助手来到了西山。居住期间,他看到百姓以采集野果为生,生活十分艰苦,很是感慨,他发誓一定要治理好太湖水域,还百姓一片肥沃的耕地。就在这时,一个白发长者告诉他:宜兴有一个道家,非常精通地脉。他们交谈过,或许能帮助大禹。大禹闻言非常高兴,第二天,就出发往宜兴而去。

大禹来到宜兴寻访多天,没有见到长者所说的那位道家。有一天,他来到山脚下的一家小店里住宿。晚上,他躺在床上苦苦思索,一时难以入眠。到了后半夜,终于迷迷糊糊地睡着了……

他发现自己站在湖边,望着波涛翻滚的太湖水,不知怎么办。突然,远远地望见一个黑衣人踏着波涛而来。

"来者何人?"大禹大声发问。

黑衣人笑而不答,反问:"你是禹吗?"

大禹点点头:"是。"

黑衣人接着说:"你不是想治理那泛滥的洪水吗?"

大禹应道:"是呀。"

"在你住宿的背山处有一地窖,内有一书,可解你困惑。不过,待你治好了洪水,你必须将此书藏在太湖中的林屋洞内。"

大禹大喜,还想发问。黑衣人一下子消失了。一个浪头卷来,大禹下意识往后一退,醒了。原来是个梦。真是日有所思,夜有所梦。

于是,他按书中的办法,结合自己的经验用疏导和堰塞相结合的办法,率领百姓风餐露宿,夜以继日,全身心地扑在了治水事业上,三顾家门而不入。

皇天不负苦心人,有付出必有回报。历时十三年,禹终于把洪渊填平,河道疏通,使水经湖泊河流汇入海洋。猛兽般的洪水在大禹的脚下,变得像绵羊一样驯服。

洪水治好后,他依照诺言来到了林屋洞,将书藏了进去。大禹治水的故事也被一代代传了下来。

时间一年一年过去了,一个世纪一个世纪过去了。到了春秋时期,吴王阖闾听说了这个故事,于是派灵威丈人来到林屋洞内,寻找那本书。灵威丈人在洞里找了十七日,终于在一块石柜里看到了这本书,把它呈给了阖闾。阖闾翻开看看,不懂,于是请教孔子。孔子一看说,这是大禹治理太湖的《素书》啊。

灵威丈人得大禹素书处

西山

很早以前,东山和西山都处在太湖之中,是太湖中两个最大的岛。那么,太湖中怎么会有这么两个大岛呢?在西山老百姓中流传着这样两句话:"东山、西山,烂泥一担;大山、小山,蒲鞋拍拍。"这两句话是说东山、西山是挑了一担烂泥堆成的,大山、小山是鞋子里倒出的泥屑形成的。

这里有一段神话传说。远古时代,太湖是白茫茫一片。什么西山、东山、叶山、三山,一个岛都没有。目及所在,除了长兴山之外,就是滔滔的太湖水,给人以一种单调的感觉。

有一天,观音菩萨、骊山老母等众位神仙去玉皇大帝那儿请安,路过太湖。观音对大家说,这太湖好像一块底板,上面缺了些点缀。众仙附和着说,是呀,好像缺少些山。观音笑着对骊山老母说:"点缀是你的拿手好戏,你办这件事吧。"

骊山老母第二天驾云巡视一圈,看到泰山高大雄伟壮丽,寻思就在这里采土吧。于是,她化装成一个农妇,拿了两副畚箕,来到泰山的顶端。一铲二挖,两个畚箕很快就装满了泥土石块,然后她施展起神法直奔太湖而去。茫茫太湖,这担泥倒在哪儿为好呢?她看了看地形,相中了太湖北端,倒了下去。太湖从此就有了东山、西山这两座大山。

太湖中有了两座大山后,慢慢地就有了人类居住。据说第一个住在西山这个岛上的人，叫夫椒。因此，在很长的一段时间里，西山最早的名称就叫夫椒山。春秋战国时，吴国大败越国于夫椒山，指的就是西山。

越王勾践被吴王打败后，受到了许多的耻辱，他卧薪尝胆，后来终于使吴国灭亡了。夫椒山是他最忌讳的地方。有一天，他游玩太湖，大船将近夫椒山时，手下一位大臣指着问："大王，要不要上夫椒山？"勾践说："列位爱卿，此山处在太湖包围之中，理应称为包山。"大臣们猛然醒悟，齐声说道："对，对，对。大王英明，叫包山，叫包山。"自此，夫椒山改名为包山。

秦朝时，秦始皇游玩太湖，来到包山，看到林屋洞山石成林，洞顶平如屋子，就问手下，这山洞叫什么。手下大臣支支吾吾，面面相觑，不知如何回答是好。其中有个马屁鬼机灵地回答："大王，这山和洞没名没姓，等着你起名哪。"秦始皇一时也想不出什么好名字，回头看了看吕不韦，说："相父给起一个名吧。"吕不韦走了几步，说："洞里宽广，如皇家的厅堂，山秀美，如皇家的园林，就叫洞庭林屋山吧，大王意下如何？"秦始皇大喜，连连点头称是。自此以后，包山就有了林屋山和洞庭山的名称。

西山

西山老虎要吃人

俗话说:"东山老虎要吃人,西山老虎也要吃人。"西山果真有老虎吗?历史上没有记载。那么,这句话是怎么来的呢?

早年,江南被称为蛮夷之邦。太湖中的两个最大岛屿东山、西山,大树参天,树林茂密。因为交通不便,信息不通,在世人的想象中,西山是个荒岛野林,是野兽成群、豺狼虎豹出没的地方。传说那时的人犯了罪发配充军,往往充军到西山。

到了元代,西山已经是个人口密集的地方了。西山有个东蔡村,村里有个蔡狗大,有一次不知为了什么事和人家动起手来,一怒之下,竟把人家打成残疾。对方一个状子,把他告到了西山衙门,蔡狗大被捉了起来,根据条例充军发配到湖南。当时,充军的人到了目的地,到衙门里"报到",先要吃上几军棍,这叫"杀威棒"。蔡狗大到了湖南,就被提到衙门里审问。蔡狗大运气好,审他的知府是个西山人,也姓蔡,名肖。知府坐在堂上,把惊堂木一拍,问道:"堂下跪的是何人?哪里人氏?"蔡狗大吓得哆嗦着回道:"回大人,草民叫蔡狗大,西山人,因为家穷……"蔡狗大还想说下去,蔡肖惊堂木一拍:"什么?你是山西人,好,拉下去,充军到西山去。"其实,蔡肖一听他的口音就知道是家乡人了,而且是同族,说不定还沾点亲呢。于是,他故意把"西山"说成是"山西"。蔡狗大正想分辩,一听知府老爷说发配到西山去，心想这不是叫我回家乡吗？看来，这个老爷是个糊涂官。忙机灵地说："是，是，我是山西人。"

退堂后，蔡肖对两名解差说，别看江南现在繁华了，但那个地方有个太湖，太湖里有个荒无人烟的岛屿，叫西山，那里虎狼成群，现在仍是不开化的地方，把犯人充军到那里去，远比让他待在我们湖南要吃苦多了，惩罚犯人就应该这样。不过，为你们的安全着想，本府要特地叮嘱一下，你们到了那里，船一靠岸，就把他丢在那里算了，千万不要上去。解差十分感激府台大人的关心，连连点头，诺诺应声。

解差拿了知府蔡肖的公文，押着蔡狗大赶往西山。一个月后，他们来到了太湖边，叫了条船。船主在太湖里开船，来往这条线，见得多了，看到蔡狗大戴了枷锁，就知道是怎么回事了。解差问船主："西山岛上有老虎吗？"船主是西山人，他听解差一问，正想说没有，见蔡狗大向他眨眼睛，就赶紧顺着说："有呀，老虎可凶啦，要吃人的。我劝你们还是回去。"解差听了，心里打起了鼓，心想：幸亏知府大人早有吩咐，我们把这犯人押到岛边就行了，自己千万不能上岛，拿性命冒险。

船在太湖中随着波浪一摇一晃的，两位解差吓得脸发青，不说一句话。一小时后，终于到西山了，他们把蔡狗大推上岸，想老虎会不会马上出现，嘴里忙着对船主说："快，往回开，往回开。"蔡狗大上了岸，开开心心地回家去了。"西山老虎要吃人"，这句话从那时起就传开了。

西施与太湖银鱼

春秋战国时,吴国和越国是仇敌。吴王阖闾在与越国打仗时负伤而亡,临死时要他儿子夫差替父报仇。吴王夫差即位后,在伍子胥、孙武等人辅佐下,没几年就在西山一带太湖中一举打败了越国水军,活捉了越王勾践,将勾践关在木渎灵岩山养马。传说越国大夫诸稽郢(墓在西山秉汇)为了复国,想出了一条美人计,把美如天仙、能歌善舞的浣纱女西施送给吴王夫差做妃子,使吴王沉迷酒色,无心国事。

西施入吴后,很快得到了吴王的宠爱。吴王大兴土木,在灵岩山造馆娃宫,在西山消夏湾造避暑行宫,整日沉迷歌舞酒色,再也不问国事。西施身负复国大计,一面要迷惑吴王,一面要离间吴国君臣,虽然是锦衣玉食,实际上却是度日如年。石公山东太湖之滨有个明月坡,是个赏月的好地方。西施每当一个人在此赏月时,就要想起家乡的亲人和自己的心上人越国大夫范蠡,眼泪就顺着脸颊流下,落在太湖水中。久而久之,美人的眼泪在太湖

太湖银鱼

中吸取了日月的精华,变成了一条条冰清玉洁的太湖银鱼。还有一种传说,说西施在越国灭吴国后,被越王勾践看中,越王的夫人为了自己皇后的地位不受威胁,将西施身缚石块沉入太湖中,西施死后身体便化成了千万条太湖银鱼。

碧螺姑娘

很久以前太湖边上住着一位名叫碧螺的姑娘,她美丽、勤劳、善良,还能歌善舞,乡亲们都很喜欢她。东洞庭山上有位叫阿祥的小伙子,他魁梧壮实、武艺高强,为人正直又乐于助人,周围的百姓都很喜爱他。碧螺常在湖边结网唱歌,阿祥老在湖中撑船打鱼,那悠扬婉转的歌声,常传入正在太湖上打鱼的阿祥耳中。阿祥常被她优美的歌声打动,默默地产生倾慕之情,却无由相见。

那时候,太湖中出现一条凶残的恶龙,盘踞湖山,强使人们在西洞庭山上为其立庙,每年选一少女为其做"太湖夫人"。若太湖人民不应所求,恶龙便威胁要荡平西山。它平时在当地兴妖作怪,致使狂风暴雨不断,给人们生活带来很大的灾难。不仅如此,恶龙还扬言要碧螺做"太湖夫人"。阿祥闻讯怒火中烧,为保卫同邻包括碧螺的安全,维护太湖的平静生活,他趁更深夜静之时,潜游至西洞庭山,与恶龙决一死战。阿祥用鱼叉直刺恶龙背脊,连续大战七个昼夜。恶龙受到重创,愤怒地张开血盆大口,凶狠地向阿祥扑来。经激烈的恶斗,阿祥终于杀死了恶龙,自己却身受重伤,晕倒在血泊中。

乡亲们将阿祥抬回来,为报答阿祥的救命之恩,碧螺姑娘亲自照顾他。虽然有碧螺姑娘的歌声为阿祥减轻病痛,有碧螺姑娘细心的照顾为阿祥宽心,但阿祥的伤势仍在一天天地恶化,到后来,竟然都说不出话来,只能满怀深情

采碧螺春茶

地凝视自己心爱的姑娘。

  碧螺对阿祥的伤势焦急万分,她在乡亲们的帮助下,四处寻医问药。一天碧螺在阿祥与恶龙搏斗之地不远,发现一棵小茶树长势良好。她想,这棵树是阿祥与恶龙搏斗的见证,为了使人们牢记来之不易的平静生活,我一定要把这棵树照顾好。从此,碧螺经常为这棵树浇水、施肥、培土,小树也在她的照料下快速成长。第二年惊蛰刚过,树上就长出很多芽苞,非常可爱。碧螺怕芽苞被春寒冻伤,就每天早晨用嘴含住芽苞一会儿。至清明前后,小树的芽苞初放,伸出片片嫩叶。碧螺采摘嫩芽,捂在胸口,茶叶便发出阵阵清香。碧螺将泡开的茶汤端给阿祥,闻着一股

纯正而馥郁的清香，阿祥一口气将茶汤喝光，他觉得自己身上每个毛孔都有说不出的舒坦。阿祥舒手，伸腿，竟然能动了。

碧螺见此情景，继而采摘不少新嫩芽，放在胸前，用自己的体温使芽叶干燥，又取出轻轻搓揉，泡汤给阿祥喝。如此这般，数日，阿祥居然一天天好起来了。正当两人陶醉在爱情的甜蜜中时，碧螺姑娘却因长期的劳累而病倒，从此再也没有起得来。阿祥悲痛欲绝，他把心爱的人埋在洞庭山的茶树旁。从此，他一直照料这棵茶树，使其繁殖，培育成名茶。为了纪念碧螺姑娘，人们就为这棵茶树取名为"碧螺春"。

天下第九洞

传说东海龙王有十个儿子。在分封水国的时候，只有他的第九个儿子九龙愿意离开东海。因此，龙王把太湖水域给了他，封他做了湖王。湖王带着虾兵蟹将来到太湖，只见湖底朝天，滴水全无，沿岸的禾苗都枯焦了，路无行人，村无炊烟，处处是一片破败的凄凉景象。湖王当即张开大嘴喷水，下了一场大雨，从此大地回春，百草返青了。

这时，水面上突然奔来一位美丽的姑娘，对着湖王拜道："感谢大王的救命之恩！"

姑娘道："我是太湖的碧波仙子，因我不愿和夏妖成婚，他便放火要活活地烧死我，亏得我躲藏在深井里，逃过一劫，但已奄奄一息啦。幸亏大王降雨，才救得我一命。"碧波仙子说完，便翩翩起舞，舒展开翠绿色的长袖，嘴里哼着好听的歌曲，踏着水波飘飘而去。

碧波仙子还活着，居然又唱歌又跳舞，夏妖怒极了。他张开血盆大口，对着太湖狠狠地连喷三口大火。茫茫太湖八百里，浩瀚水面三万六千顷，居然经不起夏妖的三口火。一口火，太湖水，滚滚煎；二口火，太湖黑，冒青烟；三口火，太湖白，底朝天。湖王也险些被大火烧伤。碧波仙子呢，不知她的吉凶。

湖王惦念着碧波仙子，赶忙张口喷水，转眼之间，太湖里又白浪滔滔，水天相接，碧波仙子又出现在湖王的面前，感谢他的救命之恩。湖王为了救护碧波仙子，就用他那威力无穷的神水，在林屋山里冲刷出了一个美丽非凡的水晶洞。洞里有雄伟壮观的金庭玉柱，有九曲十八弯的空中长廊，有拔地而起的石笋，有参差不齐的倒悬塔林，有展翅欲飞的石燕，有大小不一的石蘑菇，有清脆悦耳的石钟石鼓，有幽雅别致的石床。湖王就请碧波仙子住在这个绝妙而又秘密的宫殿里。

俗话说：世上没有不透风的墙。不久，夏妖得知了碧波仙子的下落，便来找湖王算账。夏妖对着湖王喷火，湖王对着夏妖喷水。连斗了七天七夜，不分胜负。碧波仙子急中生智，向夏妖的大嘴巴里掷了一把太湖里的黄沙。夏妖呛了一嘴黄沙，顿时火焰熄灭，光冒黑烟。

自从灭了夏妖，太湖就再也没有干过。湖王就把王府安在林屋山的水晶洞里。因为他是老九，所以大家把这个洞叫作天下第九洞。

碧波仙子呢，搬出了水晶洞，回到了烟波浩瀚的太湖里，依然唱着歌，跳着舞，过着自由自在的快乐生活。

天下第九洞

古洞仙道

尧舜时代，林屋洞附近全是一片茂密的树林，山上到处都是荆棘、藤蔓，洞口被杂草紫藤遮盖着，仅有几只野兔在洞中蹿出蹿进。

有一天，一个为躲避仇家追杀的人到了那儿，看到一只野兔，便追赶着想把它逮住。野兔机灵地一蹿，突然不见了。那人拨拉着杂草，忽然，他发现了一个洞口，走了进去。洞里怪石嶙峋，曲曲弯弯。他沿着深幽的洞道一直走了下去。洞道忽而宽忽而窄，忽而低忽而高，钟乳倒挂，泉水叮咚，石象万千。他走呀走，走了半天，路似乎无限地延伸下去。他决心探个究竟，但肚子饿了，于是决定明天再来吧。

第二天，他带足了干粮又顺着那条洞道走了下去。走呀走，走得累了，歇一歇；走得渴了，喝一口清泉；走得饿了，吃一点干粮；走得困了，睡一会儿。洞中没有光亮，但走得久了，就习惯了。也不知走了多少天，他终于见到了一丝的光。他坐下来，让眼睛适应一下，然后，再慢慢地向前走。啊，到了出口啦，外面也是一座大青山，山下有几户人家。他下山去，一打听，方知是已到了如今的湖南地段。

这是一个秘密，当时，他没有对任何人讲。回西山后，他就隐居在林屋洞的附近。过了许多年后，他居住的地方陆续迁来了好多人家。他也老了，临终的时候，才把这个

林屋洞

秘密告诉了别人。

西山通湖南的事,就这样传开了,洞里那条路被人称为"仙道"。于是,西山人去湖南就开始从这个洞里往来。

时间到了秦朝。有一天,西山有一个怀有身孕的年轻妇女,因结婚后丈夫去湖南经商一直没有消息,就由妹妹陪伴,通过仙道前往湖南寻找。不料,走至半途,她开始腹疼起来,许是辛苦的原因,她早产了。随她去的妹妹,见状吓坏了,连忙背着姐姐往回走。及至洞口,姐姐已昏死,妹妹也累得晕倒了,村人见了急忙把姐妹俩救起。

两人得救了,那仙道于当天的夜里在那孕妇流产的地方轰然塌下。有人说,大概是玉皇大帝担心往后还有这样的事发生,人命关天,不是儿戏,所以断了这条路。

林屋洞顶旗杆石

走进西山林屋洞,远看洞顶有一阁。阁下青石间曾经有旗杆石。据说是宋朝凿下的。

话说南宋末年,太湖强盗猖獗。虽然朝廷在西山甪里设了游击衙门,但也无可奈何。为首的强盗头子叫杨虎。杨虎的哥哥就是洞庭湖出名的强盗头子杨幺。他们为非作歹,过湖客商、殷实人家都成了被抢劫的对象。有时,就连一般百姓他们也不放过。百姓深受其害,民怨四起。地方官员飞报朝廷。朝廷下令,派岳家军来太湖剿匪。

一听说剿匪,岳飞手下大将牛皋便自告奋勇当了先锋。牛皋作战勇猛,人称常胜将军。岳飞嘱咐牛皋,此去太湖,莫要大意轻敌。牛皋认为,一帮湖匪,围剿消灭他们,乃区区小事。殊不知,没有那么简单。

西山地处太湖之中。风高浪急、大雪冰冻的时候,船都根本无法过来。那时候,没有什么大的军舰铁船,就连大的木船也少见。况且,太湖强盗熟悉水性,太湖就是他们的家。要围剿他们绝非易事。但牛皋不信,他身经百战,哪个厉害的没有碰到,哪个场面没有经历?他认为,生擒杨虎,小菜一碟。岳飞再三告诫道:你不熟悉水性,千万不能大意。牛皋不以为然,说,元帅您放一百二十个心。

就这样,牛皋辞别岳元帅,登上了木船,带着两百来人,往西山进发。

那天,风平浪静。牛皋带着二百来个弟兄,直往西山岛驶来。杨虎带着人马驻扎在林屋洞。当牛皋的船队接近居山湾时,杨虎的手下已经潜到他们的船下凿洞了。牛皋不习水性,当发现船只在漏水,才慌了神,但已经来不及了。牛皋连林屋洞的边也没有摸到,便成了俘虏。

牛皋被擒,逃回去的手下急报岳元帅。岳飞一听大惊,连忙召集手下议事。众将激愤,但大都不熟水性,一时面面相觑。看来,要想擒住杨虎需要招募一些熟悉水性之人,方可进攻。于是,岳飞派人一边招兵,一边做好进攻准备。

杨虎知牛皋是条好汉,又闻岳飞是位忠国之人,因此没有立即加害牛皋,只是想让牛皋吃点苦头。他吩咐手下,在林屋洞顶凿坑竖杆,将牛皋绑在杆上。牛皋开始还有精神破口大骂,及至后来,没有了精神,只能狠狠地干瞪眼。

过了几天,岳飞吩咐大将岳云再次进攻西山,杨虎他们还想故伎重演,不料岳云已经派人潜在水底。这次杨虎没有成功。船很快驶近林屋洞。但杨虎组织了弓弩手,万箭齐发。结果,岳家军根本上不了岸,无功而回。

又过了两天,岳飞终于想到了破敌之策。他决定兵分两路,一路往林屋洞进发,一路往元山进发。往元山方向的全部是木船,往林屋洞方向是木船加夜壶。那夜壶派什么用场呢?原来,那夜壶是用来挡箭的。岳飞到宜兴买了几万只紫砂夜壶,吩咐熟悉水性的人,接近西山岛时下水推进。

当杨虎看到水面上出现黑乎乎的东西时,还以为是人在游过来,就吩咐手下乱箭齐发。当杨虎的箭射得差不多的时候,岳家军从水里一跃而起,纷纷杀上岸来。此时,探子又飞报杨虎,说元山已有大批岳家军登岸,正冲杀而

林屋洞顶驾浮阁

来。杨虎一听,慌得乱了方寸,他知道大势已去,三十六计,走为上,赶快溜吧。此时,他哪里还顾得上牛皋?慌忙往缥缈峰山岭里窜去。岳家军跟踪围剿。杨虎吓得屁滚尿流,乘黑逃到了长兴山里,随后,又逃到了哥哥杨幺那里。

　　再说,牛皋绑在旗杆上已十分虚弱了。听得岳家军鼓声阵阵,知道自己得救了。他见到了岳元帅,羞愧地低下了头,想拔剑自裁。岳飞说,留着你的脑袋,将功赎罪吧。后来,牛皋转至东洞庭湖,活捉杨幺、杨虎,为岳家军立下了大功。此是后话。

　　故事已经久远。但我们走上林屋洞顶,依然会想起民间流传下来的那则故事。旁边的前辈,还会指着居山湾方向的太湖说,前几年,太湖里挖到了不少的紫砂壶,可能就是当年岳飞破杨虎时沉下的。

飘荡在缥缈峰上的故事

缥缈峰是太湖七十二峰之最,相传为群雄出没之所,那里群峰连绵,昔时古树参天,浓荫蔽日,著名的"缥缈晴岚"是西山古八景之一。缥缈峰还有一些鲜为人知的传奇故事,为太湖最高峰增添了无穷的神秘色彩。

九缸十三瓮财宝

相传南宋年间,缥缈峰顶有一高塔,是杨虎所建。此塔气势不凡,非常雄奇,但凡见者无不称奇,因为在塔顶任一角落,均可见太湖中的行船,如天气晴好还可看见船装的是"干货"还是"杂物",很是精确。此塔成了杨虎窥探太湖之中行船的瞭望塔,杨虎成了缥缈峰的土霸王,他跺一脚,太湖真的要颤三颤。一旦杨虎看见过往太湖的商船,即令手下弟兄出动打劫。如此,几年下来,杨虎积下了大量的金银财宝。杨虎是个极小气之人,只分给这些出生入死弟兄极少部分,而他却得了大部分,据说共积了九缸十八瓮,数量惊人。杨虎是以缥缈峰起家的,故而趁着天黑风急,他命人将这九缸十八瓮金银藏在了缥缈峰山间,然后以犒劳弟兄为名,用毒酒将他们统统毒死,手段非常毒辣。而后,岳飞奉命剿匪,将杨虎绳之以法,那九缸十八瓮金银财宝便成了永远的秘密。

唐寅画兰

传说当年江南四大才子之一的唐伯虎,曾游历过缥缈峰。那时缥缈峰山腰有一小庙，而小庙也有高人，那庙内的庙祝便是个精通文理之人。唐伯虎进得庙来，烧了一炷香之后，环视四周，见缥缈峰高耸入云，远看太湖如镜，景致入画，唐伯虎心情舒畅，诗兴大发，念念有词。那庙祝也是见过世面的，看眼前这人天庭饱满，气宇轩昂，便上前与唐伯虎搭讪起来。这一谈不要紧，双方是一见如故，相见恨晚。唐伯虎向庙祝通报了自己的姓名，庙祝心中打起了小算盘：无论如何也要让唐伯虎留下点墨宝才好。便摊开文房四宝向唐伯虎求字画。唐伯虎欣然应允，一盏茶的工夫，一幅兰花跃然纸上。果然是名家之笔，把个庙祝看呆了。画上那兰花翠绿欲滴，含苞待放，似已有一股清

香飘溢而出，整座小庙仿佛已沉浸在兰香之中。

直到如今，每逢兰花花开时节，小庙遗址附近，总有股幽香溢出，非常神奇。

金兰花

俗话说："无锡惠山高又高，不及西山缥缈半截腰。"太湖七十二座山，最高的就数缥缈峰。可是，有一年江南一带发大水，遍地一片汪洋，连高高的缥缈峰也只剩下一个尖帽顶。至于其他的山峰，都隐沉在水里了。

就在那个年头，顺水漂来姐弟两个人，弟弟叫金听子，姐姐叫金兰花。他们已经在水里漂了三天三夜，大风大浪

缥缈峰

也不曾拆散姐弟俩。漂啊，漂啊，一直漂到缥缈峰的峰巅停住了。正巧，山巅上有块大青石，姐弟两人，就爬上了这块石头。

缥缈峰上，只有圆桌子那么大的一块地方供姐弟两人缓一缓。恶浪滔天，丈把高的浪头一个连着一个向他们打过来，只要稍微疏忽一点，就会送掉性命。兰花姑娘整日整夜不敢眨眼，面朝风浪，把弟弟护在身后。浪头打得兰花姑娘连气都透不过来，眼睛、鼻孔、嘴巴里都呛出血来了。就这样，她一连熬过了两天两夜，到后来，实在精疲力竭，累得倒在大青石上。

"姐姐，姐姐！"小听子喊得一声比一声高，左推推，右揉揉，可姐姐没有应声。兰花姑娘死了。不过她的手还是牵着小弟弟。小听子喊破了喉咙，哭干了眼泪，还是一声声唤着"姐姐，姐姐！"最后听子也死在了缥缈峰上。

又不知过了多少年，缥缈峰上多了一种小鸟儿，这鸟叫"叫天知"，据说是小听子的化身。大水冲毁了一切，夺

缥缈峰山腰古建筑

去了无数人的身家性命,所以小听子心里气愤极了,就变成一只小鸟,拼命朝天上飞,飞出云天,飞过南天门,飞进了玉皇殿,找玉皇评理。玉皇被他缠得头昏脑涨,才派出禹王爷下界治水。

不说禹王爷怎样把太湖一带洪水治理了,单说兰花姑娘为了跟听子弟弟常相会,她便化作一盆金兰花,年年开。太阳一出,金兰花就发出香气。那金兰花的叶子绿如碧玉,花朵黄蜡蜡的,散发出来的香味,真比醇香酒还要香一百二十倍哩!"叫天知"一闻到这股香味,便快活地飞呀唱呀,口口声声唤着:"姐姐,姐姐!"据说那香味飘到哪里,哪里就百花盛开,所以洞庭西山,成了太湖里的一个宝岛。

据说,谁要是亲眼看到了缥缈峰顶上的那盆金兰花,谁就能够做啥发啥。缥缈峰下陈巷地方,从前有位李老头,他就曾经亲眼看到过山头上那盆金兰花,所以他种下三棵筷子粗的香樟树,一夜时间长得足有头号钵头那样粗哩!

城隍庙

缥缈峰的正南东侧,有一条山岭,叫城隍岭,岭址自秦家堡秦氏宗祠起。沿着蜿蜒向上的山道行至岭嵴中部,那里有一块很大的平地,四周松篁参天,荫翳蔽日,密林间掩隐着一座黄墙黛瓦的庙宇。那些旅游登山的人们路过这里,都会被这自然风光的野趣和古意盎然的禅院所吸引,他们将其戏称为"小布达拉宫"。而消夏湾周边的百姓都知道,这座小庙叫"城隍庙"。

城隍庙坐东北朝西南,面阔三间,占地约一百平方米。

走进正堂，但见中间供奉着一位身穿明代平民布衣的老者，两侧站立着四位穿着皂衣的衙役。木雕神像，栩栩如生，看香案上的残烛余香就知道，这座小庙有众多虔诚的信众。让人无法理解的是别处城隍庙里供奉的城隍老爷都饰以官帽朝服，唯独这位老爷却是布衣芒鞋。

要知道这位神秘的布衣城隍老爷是谁？

他就是大名鼎鼎的明朝开国元勋，传说有私家密授、善阴阳风水之道而被明帝朱元璋称为"吾之子房"的御史中丞刘伯温。说起刘中丞在这里做城隍老爷的缘由，还有一段故事。

缥缈峰城隍庙

相传那年朱元璋在南京称帝，身为朝廷重臣的刘伯温突然接到温州青田家人来报，说在老家的夫人去世了，情急之下，刘伯温只能向朱元璋请假回家料理丧事，朱元璋也恩准了。于是刘伯温带上随从匆匆赶回青田老家。

时间一晃数月过去了，家中诸事料理完毕，应该是回京复命的时候了，此刻，静下心来的刘伯温突然想起一件往事，瞬间让他坐卧不安。于是第二天的黎明时分，刘伯温也来不及告别族人，便带上随从，神色匆忙地踏上了回京之路。

是什么是让刘中丞如此地心神不宁呢？话得从上一年的那件事说起。

那年的正月刚过，时在应天（南京）称吴王的朱元璋派遣大将军徐达率兵围攻在平江府（苏州）自称吴王的张士诚，经过长达七个月的围困，平江城破，张士诚被擒，押解至应天后自缢身亡，而后，刑部在审讯张士诚手下将领的时候，从一位"永胜军"的将领那里获悉平江城在被围的数月中，张士诚自知大势已去，但还期望日后能"东山再起"，因此将吴宫中的金银宝物搜集整理，全数置于缸坛中。密传这位"永胜军"将领进宫，让他率手下兵丁，带上这批财宝去太湖中的西山岛隐藏起来，严加看护，以备日后能重整旗鼓。这位将军领旨后带领手下将财宝置于舟中，径直驰往西山岛，在缥缈峰的山坞里，悄无声息地将事情办妥，并在坞内修筑太湖山庄派兵守护，事毕带上余部回城复命。不料，几个月后，这位将军也成了阶下囚。

这件事在当时也没有引起多大的关注，毕竟那是个战争频繁的时期，这种细枝末节的事不会引起重视，但此刻的刘伯温突然想起这件事，犹如芒刺在背。他知道此时明朝初立，北方元朝的残余尚在负隅顽抗，东南各地方势力仍割据一方，苏城一带刚刚平定不久，如果西山岛上那支守宝部队尚在，加之泛滥的太湖盗匪，其若合起来啸聚一方，那还了得！于是他决意提前回京，途中去趟西山岛，暗中察访一下。

话说刘伯温带着人马到了苏州，未惊动地方官府而是自己租了一条三帆的"自行船"，起锚解缆，顺胥江入湖。

说来也巧，船老大恰好是西山湾里人，他知道客人们要去缥缈峰，所以驾船直奔消夏湾而去。一路上，坐在船舱中的刘伯温不停地与船老大闲聊。船老大本是个江湖路路通，他告诉客人：他要去的地方叫消夏湾，沿湖的村落有东西蔡、秦家堡，居住在那里的都是南宋时候从北方迁过来的大族人家。前朝时，那里的人不愿为官，隐于湖山之间，耕读传家，亦儒亦商，民风淳朴。一路的闲聊让刘伯温对这块陌生之地有了个初步的了解。

航船进了消夏湾，落帆后停泊在商浜港口，岸上就是秦家堡村落。刘伯温吩咐船老大带上随从进村去请里中长老。不一会，二人带来一老叟，据介绍是这里的秦氏乡绅。上船后，刘伯温屏退左右，请老乡绅入船舱，并向老者亮明了自己的身份。当老乡绅得知对面这布衣老者就是当朝御史中丞刘大人时，一时紧张得不知所措。刘伯温让老者入座，随即问起这一带是否有张士诚藏宝一事。老者战战兢兢地回禀道：确实听说过此事，去年在缥缈峰村坞里还修建了一个庄院，里面出入的都是一些外地人。不过，到了年末时，苏州的"张九四"被活捉后，这些外乡人就不知去向了。末了，老者特加了一句：这些人是离开西山还是隐藏在别处就不知道了。听到这里，刘伯温什么都明白了，这就叫"树倒猢狲散"。

　　送走老乡绅，刘伯温回到船上，一时间他也无法入眠。这批人去哪里了？假如全部逃出西山岛，这一带可保平安无事。如果那些残余还潜伏在这里，日后就会后患无穷。此时回京上奏，派兵搜剿，此地的百姓就会遭受兵燹之扰。一时间，他举棋不定了。就在他进退维谷之时，想起了此前明太祖与他讨论治国方略时说过的话。他深知，体恤民生是这位平民出身的皇上最看重的。此时的刘中丞真的感到两难了。

　　夜已深了，刘伯温独自步出舱门，抬头望着满天的星斗，久久地深思着，突然，一个两全之策如电光般闪入脑海。

　　天方启明，刘伯温让随从再去请回昨日的老乡绅。不一会，老人来了，身后还跟着两位族人。刘中丞将筑坛吓阻之计与他们细细道明，并要他们立即回去召集村民完成此事。

　　京城刘大人来湾里的消息迅速传开了，听说刘中丞要在这里筑坛镇邪，村里的百姓扛上工具聚合在山岭下，纷纷地尾随着直往山岭而上。

　　两天过去了，刘伯温一行回京了，缥缈峰左侧的仙人坛边上多了一座七尺高的土坛，高大的土坛沉沉地压在嵴上，透露出一股威严之气。听说坛底下还埋着刀剑类的兵器，此时，湾里人才知道这是朝中刘大人的镇邪护民善举。自此以后，这一带除了留下宝藏的传说，一切都平静如故。

世道轮回，三百多年过去了，时光已进入清朝乾隆初年，前朝刘伯温的善举依然在民间流传，秦家堡的后贤们感其灵威，在当年修筑镇坛的上方山腰的一块平地上修建了一座城隍庙，东西蔡的百姓为庙里添塑神像。由于当时清朝为镇压残明势力，加强思想控制也不允许民间将前朝名人奉为圣贤，树碑立传。为此，乡贤们商定将庙中刘伯温的神像塑成了布衣山神，在每年刘伯温的忌日披麻祭祀他。

斗转星移，六百多年过去了，城隍庙几轮倾颓，又几番修整，今天神庙还在，但当年的故事已鲜为人知矣。

望月亭

从前，在西山缥缈峰山顶上有一座亭子，叫望月亭。关于这座亭子，当地还有一个动人的故事哩！

相传在春秋时期，吴王在西山消夏湾建有行宫，每年有很多时间在西山度过，特别是在夏天，吴王总要到西山避暑。

有一天，吴王带着西施和其他随从登缥缈峰游览，爬至山顶，视野开阔，凉风习习。西施感到神清气爽，举目眺望南太湖，渔帆点点，湖鸥翩翩，颇具诗情画意，令人心旷神怡。

此时，西施遥望南面，她知道，万顷碧波的尽头，就是她日思夜想的越国呀！

吴王看着西施若有所思，便问道："爱妃看得出神，想啥啊？"

西施娇滴滴答道："大王啊，这里看太湖风光真好，若能经常在这里享受着树荫和凉风,看看太湖,那可就是沐大王莫大的恩德啦!"

吴王闻言当即决定在这里建一座亭子。

"不过",西施做出一副欲言又止的娇媚状。"爱妃但说无妨,我们本来就是在游赏啊,不必拘礼。"吴王轻执西施纤手,柔声说。

西施轻启朱唇,嗲声说道:"白天看太湖尚且如此妩媚,晚上来看那月亮高挂夜空,倒映湖中,天上一个月亮,水中一个月亮,微波荡漾,波光粼粼,岂不更加富有诗情画意?"

"爱妃真是才女!那么这亭子该取名——"

西施顺口接道:"望月亭。"

"就这样定了!"吴王高兴地挽起西施。只等亭子落成,好早日来看缥缈夜景,看那南太湖的月亮。

其实,西施眼在望月,心在望越。越国是她的故国啊!

这望月亭分明就是望越亭。

望月亭

陈维德求仙

西山缥缈峰下有个陈巷村,村上有个人叫陈维德,这个人一心想得道成仙。有一天,他拿了铁扁担和镰刀上山砍柴,看见山顶上大石头旁有人下棋,就把铁扁担向小树上一靠,伸长了头颈去看。下棋人送给他一个枣子吃,劝他去砍柴。他说:"我刚看出味道来哩!"可是伸手一摸扁担,已经变烂了,镰刀也生锈了,回头再看看那棵树,哎呀,那棵碗口粗的小树已经变成一棵盆口粗的大树了,再回过头来,下棋的人也不见了。

陈维德下山走进村子,只听见有个人在骂街:"谁偷了我的鸡就和陈维德一样,一去不回头!"陈维德心想:"我又没有做坏事,为啥骂我?"他就上前去问个明白,不料这个人回答说:"陈维德上山砍柴一去不回已经六十年了。"陈维德连忙回家,一看,房子已坍成瓦砾堆。陈维德如梦初醒:俗话说,山中方七日,世上已千年,对,一定是碰到了仙人!于是他就拼命去寻下棋的人,正好在太湖边寻到,他忙磕头求拜:"仙师在上,凡人陈维德愿跟随修仙得道。"这两人摆摆头哈哈大笑说:"你弄错了,我们是山人,不是仙人。"说完顿了顿,又说:"你想成仙,好、好。"只见其中一个人,从长长的宽袖里抛出两片莲花瓣,向太湖里一丢,对陈维德说:"要成仙,请上船。"陈维德看了,心跳得要从喉咙里蹿出来!这么大的人,跳到小小三寸长的花瓣上,太湖风浪又大,岂不是求仙不成反送命?这时,只见两个下棋人轻轻一跳,双脚稳稳地踩

陈维德求仙

在莲花瓣上。太湖里一阵风,两人踩着莲花瓣漂去了。这时,陈维德才发现眼前的莲花瓣变成了两只雕花油漆大灯船,船上吹箫弹琴,悦耳动人。陈维德又惊又喜,马上狂喊:"灯船,灯船带我去!"只见天空里飞来一只百灵鸟开口说:"陈维德,你听好,明天一大早,快到万年桥,成仙自有道。"说罢,鸟飞远了,灯船也在水天相连的地方不见了。

到了第二天,陈维德大清早就乘船赶到苏州胥门万年桥。这一天天气晴朗,万年桥下船只往来如梭,桥上人来人往好不热闹。陈维德走来走去,伸长头颈只等仙人到来。不一会,只见那两个下棋人走来了,陈维德马上迎上前。这时,突然天空乌云密布,电闪雷鸣,万年桥下掀起黑水白浪,船只被打翻,江心里响起一片呼救声。两个下棋人喊了一声"快救人",便从桥上跳到水里!陈维德看着宽阔的胥江里浪涛滚滚,吓得心跳毛竖,身晃牙齿打架,怎么也不敢跟着往下跳。霎时,风平浪静,一切如常,仙人不见了。一只百灵鸟又飞来对陈维德说:"陈维德,你听好,明天一大早,你到灵岩山后山脚,成仙自有道。"

到了第二天,陈维德又老早赶到灵岩山后山脚。只见山脚下村庄里,有一家人家正在办喜事,灶膛里炉火通红,厨房里鸡鸭肉扑鼻香,陈维德正望得口馋,两个下棋人走来了,他连忙追上前去。突然火光四起,火舌蹿几丈高,陈维德急得脚心、手心都冒汗,两个下棋人喊了声"快救火",一个个跳到火里去了。陈维德站在一旁,吓破了胆,只见漫天大火向自己扑来,他连忙自顾逃命。霎时,火熄烟消,仙人不见了,百灵鸟再也没有飞来。陈维德仙人没做成,只好回到西山缥缈峰终年砍柴去了。

流淌在明月湾里的故事

明月湾是个古村落,历史悠久,环境清幽,是个宜居之地。历史久了,故事也就多了。

千年古樟

明月湾古樟位于村口湖边,已有千年的历史了,仍枝叶茂盛,覆荫近亩,是船家休息、村人纳凉的好地方。古樟树曾经历了多次磨难,如今树身东北面已成枯木,只有靠西南面的树皮维持着生命,但仍显得苍劲有力。1939年,日本鬼子到西山到处砍树,西山恶霸秦磐石带人来到明月湾,要锯古樟树,村民们只得凑钱免灾,有的老人还跪地求情,秦磐石才勉强下令停止锯树,留下的锯痕至今仍在。

1940年,一伙土匪窜到明月湾,硬要砍树,村民们群起反对,土匪见一时难以得逞,就乘人不备,把明月湾当时年仅十岁的儿童黄林法绑架到了浙江,三十六天后村民们才凑齐了一百二十石大米,

明月湾古樟

从土匪手中赎回了孩子。

1942年，歹徒杨河根、黄纪根窜到明月湾作案，要砍伐这棵千年古樟。居民们奋起反抗，有人守树，有人告状，有人苦求歹徒手下留情。在一切努力都无济于事的情况下，村人吴震九挺身而出，表示愿意出钱保护古樟。歹徒要钱是真，砍树是假，古樟只是歹徒用来敲诈钱财的筹码。歹徒提出要一千块大洋。吴震九与歹徒面对面交涉，好说歹说，最后达成协议，歹徒拿去四百五十块大洋，写下了一张凭据，古樟避免了一次灾难。立据中的段先生，就是吴震九与歹徒交涉时用的假姓名。吴震九家住明湾村瞻瑞堂，中华人民共和国成立后在上海市钢锉一厂任财务会计，1962年退休，86岁时谢世。

传说，古樟还遭受过一次意外的打击。明月湾有一姓蒋的船主常开船去湖州。一次，浜嘴上来了一位白发老翁，声称要去湖州，但却对船主说口袋里一分钱也没有，船钱是否能免了。蒋船主是一位心地善良的人，他见老翁颤颤巍巍的，恻隐之心油然而生，不但没有收他的钱，还搀扶着让他坐在前面。船至目的地后，老翁临走时对船主说："你今后修船，我坐过的船板不要换。"船主好生奇怪，但还是按老翁的话做了。更为奇怪的事发生了，从此，船主每次开船都是顺风顺帆。有时，风向明明是逆向，船出太湖，也变成了顺风了。就这样，过了一年又一年，船修了一次又一次。那老翁坐过的船板实在不能再坐了。有一次，船上岸在那香樟树下重修过后，那船块板被换在了古樟树下，谁知，半夜里突然船板燃烧了起来，火苗也将那香樟树的皮烧焦了……

石板街

明月湾的石板街堪称江南一绝。街道从金家坞嘴至湖埠，宽三米，总长为一千一百四十米，用四千五百六十块花岗石铺设。

据说，在铺设这条古道时，有个故事。

清朝时，金家坞里常常发大水。村里的几个大族——金氏、黄氏、吴氏、邓氏、秦氏，凑在一起商量怎样才能消除山洪的暴发。最后，

明月湾石板街

一致决定开掘水沟，从金家坞起引水至湖里。于是，他们重新设计了居住的房屋格局，形成一个棋盘状的下水渠道。

计议定了，秋天就开始动工，全村人动员起来。第一天破土，第二天，就挖了五十多厘米深。但到了第三天，早晨一看，沟里竟然满沟的水，他们只好戽干了再挖。第四天早上，又满沟都是水了。这是怎么回事？沟里没有水源，今年又是秋旱，怎么会有如此多的水呢？大家感到迷惑了。

吴氏提议请风水先生来看看，大家同意，便去外地请了一位颇通风水学的老先生。老先生在村里村外走了一圈，神秘地说："这是水龙的脉。如果开掘了此脉，明月湾里从此就出不了皇帝。如果不筑，也许有真龙天子诞生。你们

自己定吧。"

几大族连夜召开紧急会议，一起商议怎么办。有人坚持继续开挖，说，不挖，房屋要冲塌，大家的生命和财产会不保；有人反对，说出个皇帝，那我们村里就变皇家村了，这有多好！金氏当时最有实力，最后轮到他表态。金氏是个讲实惠的人，他赞成开挖。他说，出皇帝远着呢，出了皇帝或许大家要受苦也说不定，就像明朝时候，开国皇帝朱元璋出生在安徽凤阳，结果呢，凤阳花鼓不是这么唱的吗："说凤阳，道凤阳，凤阳是个好地方，自从出了朱皇帝，十年倒有九年荒！"所以呀，还是让大家住在这里不受洪水之苦最要紧。大家见他说得有理，就一致同意按原计划开挖。

说也奇怪，再挖时未出现漫水现象。以前怎么会出水的，成了个谜，人们也就不去追究了。反正水沟挖成了，铺了石板，一条很有特色的街道也产生了。

金氏兴衰

明月湾有五大姓氏：金氏、邓氏、吴氏、黄氏、秦氏。在五大姓氏中，金氏最为显赫。传说金氏一脉源于丐帮金长老之后，但如今明月湾已没有一户姓金的了。金氏早已败落，其后代走的走，亡的亡。关于金氏一脉的兴衰，明月湾有个传说。

传说丐帮的金氏厌倦了江湖，来到明月湾，准备建造房屋定居。一天，他到木材商那儿购买木材。木材商见这位叫花子模样的人来购买木材，就十分轻蔑地对他说："老兄，你不要来寻开心，你买得起，我买一送一。"

金氏气呀，简直是狗眼看人低嘛。他压着火气，问："你说话算不算数？"

"当然算数。"

金氏不再说什么，就去木堆里挑木材，挑了一大排，然后从破棉衣里拿出一只金碗来。木材商霎时呆住了，但话已出口，岂能反悔？金氏就装了几大船的木材，回到明月湾，大兴土木，建起了明月湾最豪华的住房。

明月湾古村

三十年过去后，金氏成了明月湾最有经济实力的人。金氏死后，家属相中了湖边一块风水宝地，提出要将金氏葬在那儿。这块地与其他几族为邻，另外几家见金家成了明月湾首富，本来就有些气不过，如果让金氏把坟建在这块宝地上，金氏的子孙岂不就更加发了？他们心里一百二十个不愿意，但碍于情面，嘴上只好答应。吴氏最有心机，他想如果金家再发，那我们吴家就永远占下风了。于是，他决心破坏金氏坟地的选址，悄悄地去买通了邻村的风水先生。

到了金氏要下葬的前一夜，吴氏偷偷地将一个金菩萨埋在了那块地里。动工下葬的那天，坟工挖到了那个金菩萨。金氏家属觉得惊奇万分，便去请教那位风水先生，风水先生已得到了吴氏的好处，故作神秘地说："那可不得了，有菩萨,说明那是菩萨居住的地方,其他人不能葬在这里的。否则,神灵不保。"金氏家属信以为真,只好作罢,另择墓地。后选的那块墓地,渗水漏水,据说这就是导致金氏家族渐渐败落的原因。

其实,金氏一脉的衰落,主要是有一天夜里,金氏连片的房屋不知什么原因起了一场大火。金家的财产在一夜之间烧个精光,人也死伤大半。从此,金氏一蹶不振。

明月寺

明月寺位于明月湾东侧,背靠青山,临湖而建,大门朝南,太湖风光一览无余。晴天,三山岛、笠帽山、长兴山清晰而见。占有这样风水的寺庙,在西山还不多见。明月寺有观音、如来,也有关圣、茧子娘娘,还有城隍老爷等,算是一座杂庙。它始建于何年,没有确切的文字记载。但在民间却流传着这样一个故事——

明月寺

现在明月寺这块地属于明月湾五大姓氏（金、邓、秦、黄、吴），称"众家山"，那是一块风水宝地。有一年的夏天，有个阴阳先生路过此地，口渴得厉害，就向一位老太讨口水喝。老太是金家人。她看到那人满头大汗，就舀了一碗冷水，并且随手抓了一把砻糠撒在碗里。阴阳先生有些不解，想这个老太真是可恶，给我水喝撒砻糠，要我吃砻糠呀。老太看到了阴阳先生眼里的不满，就解释道：天这么热，你浑身淌汗，一下子用冷水浇，要坏事的。阴阳先生方才知道老太的用意，要他吹开砻糠慢慢喝。多么善良的老人呀，好心有好报，阴阳先生决心还她个人情。他问老太要不要看个风水，寻块墓地？老太知道了他是个风水先生，一片诚意，就爽快地答应了。风水先生就为她看中了如今明月寺西旁的那块土地。老人过世后，按照风水先生的吩咐，在那儿下了葬。后来，金氏的子孙在明代早期果真发了迹，成了明月湾最大的家族。

金家发迹后，人们才隐隐约约知道，那是因为金家老太葬在了这块风水宝地上。这事传到了东山王鏊的耳朵里。王鏊是明代的宰相，晚年住在老家陆巷里。他和西山渊源很深。据说，王鏊的外婆家是明月湾人，他的女婿（徐天官）是西山东河人。因此，他经常来西山走动。如今知道明月湾有这样的一块风水宝地，很想在过世后葬在那儿，心想如此也可使子孙发迹。王鏊要来看墓地的消息传到了明月湾。据说，"宰相"下葬，凡是做工的人都要陪葬，免得有人知道墓里的秘密。若此，明月湾人就要遭殃了。怎么化解这个"灾难"呢？村里的吴家老人想出了一个主意。

明月湾西有个地方叫庙山嘴，那儿有座庙。一天，吴家人半夜里悄悄地到庙内，偷了个观音菩萨像，放到了王鏊想葬的那块地上。第二天，庙里的和尚发现不见了观音，觉得是从来没有过的事，就四处寻找。村里人万分惊奇，小偷有偷东西物品的，强盗有抢钱财妇女的，可从来没有人会偷观音菩萨的。这事惊动了整个明月湾村人。有人在金氏墓地东边的地中发现了那个观音菩萨。奇怪，观音菩萨怎么会到这块地中呢？有人说，那是块风水宝地，连菩萨也看中了。这个说法得到了大家的认同：是菩萨自己夜里跑过去的，她在暗示大家，这儿要造个庙！只有吴家人明白其中的原委，暗自好笑，但也装着认真的样子，说菩萨显灵，我们应该在那里建个寺庙。此事一传十，十传百，王鏊也知道了。他当然不能与菩萨相争，于是，就放弃了在西山明月湾为自己择墓的打算。

一年后，就在那块地中造了一个规模较大的寺庙，名字就叫"明月寺"。建庙的这块地因为是大家都有份的，也都出了钱，因而，有人建议造城隍庙，有人建议造观音庙，也有人说还是建关圣庙，公说公有理，婆说婆有理。最后，博采众长，什么菩萨都供奉一间，明月寺就成了一座杂寺。

画眉泉

明月湾村石牌山山腰中，有一小潭，约长八十厘米，宽六十厘米，深四十厘米，其水清澈如镜，饮之清凉可口，这就是当年美女西施以水为镜描眉梳妆的画眉泉。

明月湾村位于西山的南端，面水傍山，环境十分清幽。春秋战国时，吴王常携美女西施游玩于此。美女西施也就常常住在那明月湾的石牌山上。山上那口清澈无比的山潭

画眉泉

就成了美女西施画眉描红的镜子。西施住在石牌山上,吴王住在太湖中瓦山上的逍遥宫里,石牌山正对着瓦山,有时西施会站在山头,望着太湖中的瓦山发呆一阵子。因此,民间亦留下了西施望瓦山的传说。

　　据村人讲,画眉泉旁当年还有一石凳石桌,那是西施用过的梳妆台。遗憾的是"文革"时已被村人拾去造房砌墙用了。如今西施用过的那口清泉依然还在,终年不枯。

乾隆与东村

在东村有这样的传说：乾隆到了东村七次。乾隆到东村去干什么呢？有人说是去看他藏娇的殷氏，有人说是去看望一位道德高尚的长者。

我们先来说藏娇的故事。话说乾隆皇帝下江南时认识了东村一位姓殷的村姑，她不仅美貌如花，而且知书达理，乾隆和她一见钟情。不久殷氏便怀了乾隆的骨肉，但由于她是汉人，不能带入皇宫，为遮人耳目，乾隆只能让她假装与东村敬修堂的商人徐伦滋结婚。徐伦滋是敬修堂创建人、著名儒商徐联习的儿子，常年在外经商，匆匆奉命回西山和从未见面的殷氏拜完天地，没有入洞房就立即离家做生意去了，一直到死也没见过他名义上的正室夫人殷氏一面。

敬修堂古建筑群

殷氏为乾隆生下了一个女孩，实际应该是公主身份，乾隆就派人在她们居住楼下的落地长窗上，雕了十二条不同形状的龙，表示皇帝自己每个月都在陪伴她们母女俩。据说乾隆皇帝六次到苏州，每次都是从木渎乘船来到太湖

敬修堂大厅

敬修堂凤起楼

当中,在船上与殷氏母女秘密相聚。由于殷氏为乾隆生下的是女孩,不用书房,所以如此富丽堂皇的敬修堂,就没有设专门的书房,而其母女居住的楼叫"凤起楼"。

徐伦滋常年

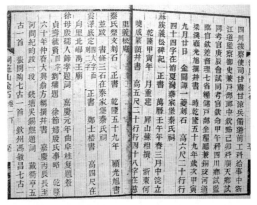
李根源在《洞庭山金石》中关于刘墉、纪晓岚等为殷氏题写碑刻的记载

在外面做生意,不久另娶了侧室,生下了儿子徐明理,徐明理继承父业,不仅成了有名的儒商,还精于医术。殷氏去世后,徐明理来到北京,乾隆皇帝专门派了刘墉、纪晓岚和翁方纲三位才子为殷氏题词或撰写祭文,徐明理回西山后将这些题词和祭文刻在石碑上,放在东村徐家祠堂里供人瞻仰。有位学者在游过木渎古镇后来到西山东村敬修堂,当他了解到这段传奇故事后,深有感触地说,"木渎古镇是乾隆六次到过的地方,东村古村却是乾隆金屋藏娇的地方"。

敬修堂大厅长窗五爪龙

敬修堂后楼雕龙落地长窗

乾隆皇帝的风流韵事未必是真,但东村徐家祠堂内刘墉、纪晓岚和翁方纲为殷氏这位民间妇女专门题写的颂词及祭文,却是无可争议的事实。敬修堂内后宅"凤起楼"的匾额也确有其事。

徐氏宗祠

刘墉为东村殷氏题写碑刻

东村有位叫孙浩泉的老人说,乾隆来到东村是探望崇德堂里一位恩人,就住在他如今居住的这个地方。当然其居住地已面目全非。那位恩人的名字老人已经记不清了。话说当年康熙的妃子生了一种怪病,宫里的御医怎么医治也不见起色。于是,贴出皇榜,征召民间能人。崇德堂里的那位徐郎中斗胆去揭了皇榜,结果竟然给他医治好了。皇帝要赏赐他,他说什么也不要。皇后非常感动,赐了一张文书,写着"见府给轿,见库付银"。意思是不管哪一级地方领导,都要派轿子相送,进了银库,都要赠予银子。乾隆皇帝也听皇奶奶讲过这个故事。于是,下江南的时候,就顺便来东村探望恩人。皇帝要到湖中一个僻静的

敬修堂龙凤瓦当

东村

村落去,又不能随便住在百姓家,于是,苏州知府命令西山官员在距崇德堂不远的地方,围了一地儿,几天内赶造了三间平屋,墙体为空斗墙,内室却布置得十分精雅,小院内有花草、小石,颇有几分雅致。相传当年乾隆到东村是骑了马来的,东村马家院这个地名就是来源于此地为安顿乾隆帝马匹的地方。孙浩泉是横山人,他的姑妈嫁在东村,没有子嗣。孙浩泉就这样来到了姑妈家。这是姑妈留给他的故事,也是村中几位耄耋老人津津乐道的故事。

苏东坡与来鹤亭

石公山来鹤亭

　　来鹤亭位于石公山,它建筑在高高的山崖之上。站在上面眺望,水阔天高,远山如黛,湖鸟翻飞,帆船出没,给人以心旷神怡之感。亭背后的山顶栽着一棵古松,借其为背景,构思非常巧妙奇特。

　　相传来鹤亭是为了纪念苏东坡而建造的。说起苏东坡大家都知道,他是"唐宋八大家"之一。他的诗词豪放高

苏东坡《洞庭春色赋》

远，为一代宗师。他的书法用笔丰腴跌宕，得天真烂漫之趣，与黄庭坚、米芾、蔡襄并称"宋四大家"。苏东坡做过礼部尚书，但不会拍马屁，因而常常被贬官。故事就发生在他贬往湖州当知府时。

　　文人大多喜欢游历。苏东坡做了湖州知府，就被美丽的太湖吸引住了，他一有空闲，就带着家人游玩太湖中西山等岛屿。好地方人人喜欢，当年，哲宗皇帝的孟皇后有个兄弟叫孟忠厚，他在绍兴任职时也常来西山游玩，他非常喜欢西山的花果，尤爱西山的橘子。苏东坡、孟忠厚两人因为共同的爱好和兴趣相识了，结成了朋友。孟忠厚想法子把橘子酿成了酒，名之曰：洞庭春色。

　　有一天，两人约好在石公山赏月品酒，孟忠厚带着新酿制的橘子酒。皓月当空，太湖微微起着波浪，远处渔火点点。良辰美景，苏东坡诗兴大发，当场作《洞庭春色赋并引》，孟忠厚读后，赞不绝口。那天，两人就住在石公山的寺庙里谈诗论文，直到鸡叫才休息。

苏东坡是个兴趣广泛的人，他喜欢文墨，也喜欢宠物，晚年，他特别钟爱仙鹤。由于政治上的不如意，他懒得写诗，把全部的心思放在了养鹤上，于是，得了一个"鹤公"的雅号。他来石公山游玩，船上总带着几只鹤。鹤通灵性，他走到哪儿，鹤就盘旋着跟到哪儿。在那块大石头上（现亭子所在处），苏东坡坐着观赏风景，鹤就飞到旁边的松树上作伴。孟忠厚见鹤如此乖巧，不禁叹道："真灵物也。"苏东坡听了，心头乐滋滋的。

不料，过了一些年，离开苏州的苏东坡生起病来。孟忠厚知道了前去探望，看着苏东坡消瘦的脸庞，握着他的手久久说不出话来。没有多久，就传来了苏东坡去世的消息，孟忠厚听到后流下了悲伤的泪水。那几只鹤，在苏东坡死后，竟不食而亡。

为了纪念苏东坡，孟忠厚就在这块大石头上造起了亭子。说也怪，亭刚建好，就见有大批的仙鹤从远处飞来，领头的两只竟和苏东坡生前喂养的一模一样。它们围着亭子盘旋低飞，久久不肯离去。据说，这群仙鹤竟在那儿停留了半个月，才朝杭州方向飞去。

人亡鹤去，但孟忠厚每年和一些朋友去石公山，总要在亭子里驻留凭吊，远望杭州方向叹息一番。奇特的是，每当苏东坡忌日，就会有群鹤从太湖中飞来，围绕着亭子哀鸣而行，然后，又慢慢离去。

石公石婆

一

传说，从前太湖里有个水怪，它的本事大得吓煞人，张口一阵风，闭口一声雷，挥手一阵雨，抬头一个浪。但是它跟鱼一样，离不开水，上不了岸。太湖大得很，周围八百里，三万六千顷，鱼蚌虾蟹多得出奇。老话说，靠山吃山，靠水吃水，太湖沿岸的百姓，都靠太湖吃饭。自从出现了水怪，太湖就变成了一个无人敢到的地方，吓得渔民再也不敢下湖捉鱼，吓得客商只好绕道而行，太湖一带的水上交通断绝了，甚至吓得人不敢去湖里淘米洗菜。因此，凡是住着人的岛屿，都筑起了丈把高的堤岸，防止水怪出来伤人。一个好端端的太湖，竟变成了水怪的天下，真叫人担心害怕，日夜不得安宁。

那个水怪也真奇怪，放着嘴边的鱼蚌虾蟹不吃，独爱吃人。因此人都吓得不敢下湖了，水怪饿得要命。于是，它就拣中了太湖当中面积最大，人口最多的一个岛屿——西山，兴风作怪。霎时间，岛上刮起了狂风，落下了大雨，弄得整个西山岛好像一艘小船，在风浪中摇摇晃晃，危险极了。百姓都吓破了胆，一天到晚慌张不安。这时候，西山有个名叫王拆天的人，他手生得特别长，伸手可以摸到天。五百斤一副石担，他一只手可以连举一百次，真是身大力不亏。可是听说太湖有水怪,却吓掉了魂,他怕岛屿沉下去,断送了自己的性命,就抓了许多百姓往太湖里抛。一会儿,太湖里风停了,浪息了,水平如镜,原来水怪吃饱了肚皮,到湖底困大觉去了。

水怪一觉醒来,肚皮又饿了,于是狂风暴雨又来了。王拆天在湖滨的一个山脚下,又要抓人喂水怪。树林里突然蹿出两位老人,一男一女。老汉姓石,女的随老头姓,人称石婆子。老汉对着王拆天大喝一声:"住手!"王拆天一看,是一个弯腰曲背的老头,他心想:你这老头竟敢对我王拆天吆五喝六,真是到太岁头上动土了。于是他便动手来抓老汉,嘴里还骂道:"你这个'老牌位',活得不耐烦了,老子叫你先下水去!"老汉不让他沾身,当下两个人就对打起来。老汉赤手空拳,前跳后闪地招架,这时,老太手执一根龙头拐杖,在一旁助老汉一臂之力,老汉反手一掌,把王拆天打翻在地,又夺过王拆天的宝剑。老太急忙拿起一条麻绳,像裹粽子一样,把王拆天绑得结结实实。老汉又关照她捏紧绳头,自己用力将王拆天甩下太湖。

再说那个水怪,早已张开了窨门一样大的嘴巴,想吃东西了。看到有人下得水来,便连人带绳一口吞到肚里。王拆天身上挂着的剑鞘,正像钓鱼钩子一样横在水怪肚里。老太用力一拉绳子,把水怪吊出了水面。老汉对准水怪连刺三剑,刺得水怪三声惨叫,连蹦三蹦,把山坡上的老太也拉到水里去了。老汉见此情景,立即纵身跳到湖里。水怪下了水,用足力气吹出一口冷气,顿时,狂风暴雨,白浪滔天,雷声滚滚,惊天动地,水怪两条长臂好像两根铁棍,两只前爪赛过两把铁耙,拼命向老汉打来。水怪的长臂比老汉的剑长得多，可是水怪打不着老汉，老汉的剑却能刺得着水怪。这倒不是老汉的本领比水怪大，而是有老太在帮忙的缘故。老汉在左，老太在右，左右夹攻。当老太看到水怪的两条长臂高高举起，狠狠打下，将要打着老汉的时候，就突然用力把手里的绳子一拉，把水怪拖了个四脚朝天。老汉乘机扑上去就是一剑，等水怪站起身来，老汉早已离得远远的了。他们就这样一拉一刺，两相配合，跟水怪周旋了七天七夜，才把水怪斩成了肉丁喂了鱼虾。

老汉和老太也因为七天七夜没有歇、没有吃，劳累过度，最后死在了太湖边上。老两口都是硬骨头，死了也没有跌倒下去，仍旧像活人一样站在水里。说也奇怪，他们在石公山的东北角一夜之间就变成了石头。百姓为了纪念他们，就把这两块石头叫作石公、石婆，把旁边的那座山叫作石公山。可惜的是，石公、石婆在"文革"中被炸毁了。

石公石婆旧影

二

西山石公山景区明月坡湖畔昔年有两块太湖石,状如一对恩爱的夫妇,四目相对,似乎在相互倾诉着什么。这对太湖石被人们称为"石公石婆"。

相传,这石公就是洞庭君,这石婆就是太湖碧波仙子。那么,他们怎么会变成一对太湖石的呢?原来,洞庭君是龙王的第九个儿子,他被龙王派来掌管太湖水域,封为太湖洞庭君,住在西山岛上的林屋洞内。太湖虽然没有海洋水域面积大,但也十分辽阔,浩浩荡荡。湖中有位女神,生了个美丽的女儿,人称碧波仙子。碧波仙子长得十分美貌,被太湖中一个妖怪——夏妖相中了。天天纠缠着,要娶她为妻。夏妖长得难看,却功夫了得。其为人歹毒,又常常残害百姓,人们对他恨之入骨,但又无可奈何。这样的一个害人精,湖神岂能把碧波仙子嫁给他呢?夏妖得不到碧波仙子,起了杀心。于是向太湖喷出了浓浓烈火,把太湖水烧得滚烫滚烫,想把湖水烧干,把碧波仙子烧死。湖神与夏妖搏斗,但被他打得遍体鳞伤,碧波仙子也被追杀。碧波仙子无处藏身,最后躲进了一口深井里。夏妖找不到碧波仙子,继续疯狂地喷火,把太湖水烧得湖底朝天。洞庭君奉命来到太湖,但见湖底干裂,焦土一片。他大吃一惊,心想怎么会这样呢?正在疑惑不解的时候,忽然传来微弱的女子惨叫声:"救命啊,救命啊!"洞庭君俯身细听,声音是从一口井内传出来的。他急忙跳了下去,把碧波仙子救了上来。碧波仙子真美啊,一双丹凤眼,眼珠像一对蓝色宝石,闪闪发光。高挑的身材,凹凸有致;乌黑的头发闪闪发亮。样子虽然有点狼狈,但依然不失绝世的艳美。洞庭君从未见过这样的美女,一时惊呆了。碧波仙子见救她的是一位英俊潇洒的青年美男子,正呆呆地看着她,红晕霎时涌上了脸颊,却显得越发美了。两人足足对视了几十秒,爱情的种子悄然种下。打破沉默后,洞庭君询问碧波仙子是怎么回事,碧波仙子哭着倾诉了她的遭遇。说得洞庭君怒火中烧。他决定为民除害,为碧波仙子报仇。于是,一场空前的太湖大战在湖面上打响。一个喷火,一个喷水。最后,经过七天七夜的激烈搏杀,洞庭君与湖神母女联手,终于将夏妖除掉。夏妖被镇压杀死的地方,如今就叫镇夏。

洞庭君杀死夏妖后,湖水恢复了原样,一碧万顷,碧波荡漾。碧波仙子快乐地哼着小调:"碧空万里水荡漾,杀死夏妖喜洋洋。万物生长有水源,造福百姓人颂扬。"洞庭君与碧波仙子相亲相爱,他们决定正式结为夫妻。要结婚当然需要禀报父母并获得他们的认可与祝福。龙王来到林屋洞听到洞庭君想结婚的事情,却坚决不同意。他认为碧波仙子虽然漂亮,但门第较差。她仅仅是太湖女神的女儿,出身低微,配不上他的儿子,而且龙王已经答应南海海神的儿子,正准备去下聘礼。洞庭君一听父王的决定,苦苦哀求,希望父亲能改变主意。他明确告诉老龙王非碧波仙子不娶。龙王大怒,他说,自古婚姻都是父母之命,媒妁之言,哪有自己谈婚论嫁的!说完生气地走了,并留下一句话:给你七天的时间考虑。如果不答应,便撤了洞庭君的职位,贬为庶民,终身囚禁。洞庭君见父亲走了,急忙追了出去,追呀追,一直追到了明月坡。但龙王还是坚决不同意,怒气冲冲地走了。洞庭君立在湖边,望着父亲远去的背影，心里不是滋味，但他已经暗暗下定决心，此生若娶不到碧波仙子，就终身不娶，宁愿化为石头。正在他呆呆地望着湖面的时候，碧波仙子悄然来到了他的身边，她已经知道龙王的来意。她的母亲湖神也已经知道了这件事，心里也很不痛快，心想，我女儿天生丽质，美艳无比，世界之大，总有比你龙王儿子更好的男子可嫁。她劝说女儿，算了。但碧波仙子也非洞庭君不嫁。他们站在明月坡的湖边，相互诉说衷肠，表达着彼此的深情爱意。他们向天发誓：海枯石烂，永结同心。宁化为石，也要终身厮守。随后，他们身体竟渐渐僵硬起来，慢慢地化为了一对太湖石。

　　一个星期过去了，老龙王来到洞庭西山，但见儿子已经化为石头。他伤心地哭了，十分后悔，但为时已晚。事后，他发出告示：从今往后，儿孙可以自由恋爱、结婚，只要真心相爱！

可盘湾

可盘湾位于西山岛东南,在石公山以北两千米许的石公村夏家底以东,即今苏州涵园国际商务会展中心东侧的太湖湖湾。

两千五百多年前的春秋时期,西山地属吴国,又称为夫椒山,是吴国与越国争霸的前沿阵地。吴王阖闾在与越国的战斗中被越王勾践打败,受伤而死,阖闾的儿子夫差继位后,刻苦自励,在宰相伍子胥和将军孙武的辅佐下,于太湖中以西山岛为基地训练水军。一天,吴王夫差在伍子胥和孙武的陪同下,乘船在太湖里考察地形,在西山岛东南部的一个湖湾上岸,君臣三人坐在岸边的一块巨石上休息。夫差见湖湾依山傍水,不仅风景优美,更是绝佳的用兵之处,便对伍子胥和孙武说,此地虎踞龙盘,大有可为,我看就叫"可盘湾"吧。从此,这个湖湾便得名为可盘湾,而吴王坐过的那块巨石,也得名为可盘石。此后,夫差就经常来到这里商讨军国大计。夫差继位后没几年就坐镇可盘湾,指挥十万吴国水军,在伍子胥策划和孙武指挥下,一举打败了越国,迫使越王勾践投降,这就是中国历史上著名的第一场大规模水上战役——夫椒之战。

后来,吴王夫差被胜利冲昏了头脑,中了越国的美人计,大兴土木,贪图享乐,不管国家大事,带了越国美女西施终年吃喝玩乐，中了勾践的苦肉计将他放回越国，又中了反间计杀了伍子胥，最终自食恶果，被越国打败自杀身亡。当年骄奢淫逸的夫差携西施在西山避暑、赏月，留下了消夏湾、明月湾等著名的古迹。而之前刻苦自励的夫差在西山留下的可盘湾、可盘石，却因为少了一份江山美人的浪漫，反而少为人知。

可盘湾

瓦山

瓦山，西山消夏湾里的一个小岛，它位于缥缈峰正南方的湖湾里。其状如覆瓦，黛青一片，无峰无峦，小而平坦。说是山，其实是属湖湾中的洲、浮类。浮于水面，不论湖水涨落，从不淹没。瓦山昔年叫"众安洲"，"南峃"是它的别称。

相传，在春秋后期的吴越之争时，吴王夫差与越王勾践大战于夫椒山，其结果是吴国胜利了，吴王掳得勾践归，抱得西施回。自此，骄纵的吴王带上越国美女来到消夏湾，筑行宫于南湾，建逍遥宫于瓦山。在此山水间恣情纵乐。然而，天不假狂人。未几，吴国灭，瓦山上的逍遥宫与其主人一样，仅留下了一个传说。

岁月如梭，瓦山依旧。到了南宋建炎年间，占有半壁江山的王朝统治者想起了大禹治水的功绩，由官方出面，在西山岛的周边建起了四座禹王庙，以纪念大禹治水的功德。消夏湾里的瓦山也被相中了。他们在往昔逍遥宫的旧址上建了一座禹王庙。因后稷庶子帮助大禹治水，并献身于太湖洪水的治理中，后被封为"水平王"，故禹王庙中添塑了一尊水平王像，一并祀之，此神庙亦称"水平王庙"。据传此庙颇通神灵。庙前有一泉，曰"霖泉"，泉侧一碑，刻有徐开云所撰写《霖泉记》："庙前有水一泓，深九尺，广四尺，曰霖泉。其名不知厥始……乾隆癸未，吴中大旱，是五月至六月不雨，巡按陈子恭公祷于水平王庙，时方盛暑，天无纤云。既乃取泉一盂，拜至神前。方出庙，大雨如注……"到了明代嘉靖后期，水平王庙又添奉了一些无头石像，据老辈人说，这些无头石像都是代表那个年代的抗倭英雄，他们为了保护江浙民众得安宁，抗击倭寇，抛头颅，洒热血，战死疆场，百姓为了纪念他们，雕凿了这些无头石像，列于水平王庙中。

沧海桑田在消夏湾这个湖湾中尽情地演绎着。20世纪50年代，一项围湖造田工程将一湾清碧化成一片广袤的良田，瓦山下水面褪去，剩一个很大的土丘在那里。

后来，瓦山成了看守所，水平王庙没了。

再后来，看守所迁走了，这里又建起了羊毛衫厂、皮鞋厂、苗圃场……

今天，走入瓦山，你能看到的仅是高出周边田间的土墩而已，在一片果林中间夹杂着几间曾经的厂房。昔日传说中的印迹已荡然无存，所幸的是，曾经的故事还在这方土地上流传着。

太湖鸟瞰

绮里马蹄桥

这是一则流传久远的故事。

相传,汉初的商山四皓因辅助刘盈确立太子位而得罪了戚妃与赵王刘如意。虽为汉室立了大功,但四人知道,若日后赵王寻衅报复,难以应对。再说历朝历代,在皇帝身边,伴君如伴虎,难得善终。所以,聪明的四人一商量,集体向皇上辞去了官职,离开了皇城,结伴云游天下,最后来到了太湖中的洞庭西山岛。

那时候的西山岛上,峰峦叠嶂,古木参天,山坞里溪水长流,但闻鸟语声,不见炊烟起,实在是个清净之地。四老访遍西山,末了,周术看上了甪里;唐秉相中了东村;崔广因喜修道,懂得医道,故在慈里广种花草炼丹药,此地被后人称为万花谷;吴实喜欢上了绮里坞,这个山坞面对南太湖,两侧山脉如鹰展双翼,坞内山涧盘曲如龙,遂选在此居住。四老自择一处,各得其所,也不问人间世事,整日笑傲于山水之间。古代名人逸士,都喜欢琴棋书画,四老更以弈棋为长,到了西山,他们隔三岔五地或骑驴或坐马,相聚一戏。绮里坞的山上有块天然的大黄石,高大、宽阔且平展,是个下棋的绝佳去处。所以大黄石边常能看到四老的身影。

这天,又是吴实相邀三老来绮里聚会的日子。

昨夜的一场暴雨下到天亮方歇,坞内的盘龙涧里涧水猛涨，泻之不及。草庐就筑在涧边，涧中有一座小石桥。说是桥，其实就是一块大青石板搁在溪流中间。此时，湍急的溪水已没过石板，顺溪而下。

已是日上三竿的时候了，周术、崔广二公已先后到了绮里草庐，但久等不见东园公唐秉的到来。众人寻思，东村到这里，虽然路途远些，但唐秉的坐骑是匹马，此马虽瘦弱，但总比他们骑的毛驴要强些。就在三老焦虑之时，远远地从山那边转出一人一骑，细看正是唐秉。奇怪的是马背上的唐秉似乎有点坐不稳，待走近一瞧，方知是马的前蹄有点跛。眼见人马就要跨过小石桥，三老方想上迎，不料，老马前脚刚踏上桥板，一个趔趄，马失前蹄，人马栽倒在溪涧里。众人一阵慌乱，急忙下溪将水中的东园公扶起。三人将东园公扶入草庐，细看没甚大碍。幸好是大热天，唐秉换上了吴实的衣服，虽然有点小，但总比光着膀子好些。

此时的唐秉惊魂甫定，将途中事细细说来。

原来，唐秉的老马是他从中原带过来的，到了南方后一直水土不服，眼见得日益瘦弱，前几天发现它左前掌的钉铁也掉了，昨天刚换上新钉铁，谁知老马穿不惯"新鞋"，这十几里的路就这么颠颠地走着，过桥时更是出了意外。众人回头望去，只见老马已站在岸边，左前掌趾间还在淌着殷红的血，小石桥已侧翻在溪流中。

吴实将老马系于树干上，招呼众人一起将侧翻的小桥翻起。就在小桥板露出水面的瞬间，大家惊奇地发现，小桥板侧边，一块黑色的钉铁深深地嵌入其中……

商山四皓

因为吴实又称绮里季,后人为纪念他而将这里的山坞称作绮里坞。如今,坞里的盘龙涧还在,但涧上的马蹄桥没了,据说这块带着蹄痕的桥石还被这里的村民保留着,只是曾经的蹄印已让岁月风化成一个小小的圆坑。

倪家坞里渔祖庙

位于西山缥缈峰南麓的倪家坞是一个林幽谷静、风光秀丽的山村,早在唐朝就已有倪姓渔民在这里生息繁衍,所以村名就叫倪家坞。北宋时,倪家坞里出了一位行侠仗义、名震江南的江湖豪杰倪熊。倪熊出身贫寒,武艺高强,疾恶如仇,不畏权势,结交的朋友也都是江湖上行侠仗义的好汉,梁山英雄"混江龙"李俊就是其中的一个。

宋江受朝廷招安时,李俊不愿俯首受降,便携女儿一起浪迹天涯,来到太湖西山倪家坞旧友倪熊处安身,等待有朝一日能东山再起。倪熊重义气,虽然知道李俊是朝廷钦犯,仍慨然接纳,把李俊父女安顿在自己家里。为维持生计,不久李俊父女便随倪熊一起驾船在消夏湾打鱼。闲时则与渔民们谈天说地,评说天下大事,与渔民建立了融洽的关系。为掩人耳目,李俊改名萧恩,他女儿改名萧桂英。当时无锡马山有个渔霸,手下有一帮打手,常到西山对消夏湾一带的渔民敲诈勒索,无恶不作,渔民们叫苦连天。渔霸还勾结官府,渔民对他是敢怒而不敢言。李俊知道这个情况后,觉得实在是忍无可忍,便与倪熊一起,在夜里潜入马山渔霸家里,把渔霸和他手下的打手全都杀了。

杀了渔霸后,李俊自知在西山难以立足,不得不与倪熊挥泪告别,带了女儿离开西山到别处安身去了。渔民们起先不知渔霸是何人所杀,后来不见了萧恩、萧桂英父女,便知道是他们所为。后来，为了纪念李俊、倪熊为渔民除害的义举，渔民们集资在倪家坞建了一座渔祖庙，把李俊尊为渔祖，因为西山话中"倪"与"渔"同音，也有纪念倪家祖先倪熊的意思。民间艺人根据这个故事，改编成传统戏剧《打渔杀家》，广为流传。

金庭渔民

倪家坞里渔祖庙

东湖寺

东湖寺位于东湾东湖山上,为西山古十八招提之一。东湖寺所建年代已经无法考证了,民间却流传着这样一个故事。

相传,建造东湖寺的是一位退隐江湖、看破红尘的将军,人称"天祐将军"。当年,他带着几个手下来到西山,登上东湖山,觉得风光秀丽,环境清幽,是个理想的隐居修炼之地,于是,决定在此建庙。东湖山海拔一百九十余米,要运砖瓦木材上山,光凭几个人的力量是远远不够的。他想出了一个主意,派人前往苏州等地到处去贴告示,说某日他要在山上表演绝世武功,欢迎大家前来观看。看到布告,人们怀着好奇的心情,纷纷赶往东湾。那天,前来观看的人,人山人海,络绎不绝,几乎将东湾村踏沉。山脚下,一小和尚在山道处,告诉大家:观看费免了,但有个条件,观看之人,每人须带上一砖一瓦上山。于是,浩浩荡荡的运输砖瓦队伍出现在了东湖山崎岖的山道上。到了山上,天祐和尚双手合一,向大家作揖,说感谢各位施主,功德无量。大家这才恍然大悟。当然,天祐和尚也没有让大家白带砖瓦,他表演了洪拳、少林拳等功夫,赢得众人齐声喝彩。

东湖寺在众人的帮助下,一年之后,就建成了。开光那日,八方施主前往烧香。东湖山升起香烛之烟,也响起了每天的晨钟暮鼓。不久,天祐将军昔日的部下,

东湖寺遗址

送来了一幅珍品——吴道子的画。画上一匹骏马，四蹄腾云，活灵活现。据说，有时此马还会从画中走出，腾云而去，往西湖等地去吃青草，晚出早归。天祐将军得了画之后，把它作为镇寺之宝，轻易不肯示人。但世上没有不透风的墙，他得了吴道子画的事最终还是传了开来，越传越远。于是，香客盈门，经久不衰。人们争相希望能一睹此画，东湖寺的声名也更加响亮。遗憾的是，天祐和尚圆寂后，此画也不知去向了。20世纪50年代，寺庙部分被生产队拆除用作建蚕室，至"文化大革命"时，被彻底拆毁，最后的几位和尚也还俗落户于东湾、西湾。

东湾一粟庵

走进东湾西头村口,有一庵,庵壁题着"一粟庵"三个字。其实,一粟庵,应为一宿庵。在村中,流传着这样的一个故事。

话说当年东山陆巷人王鏊进京考试,与西山涵村人陆宝山有过一面之交。因为知道是同乡,故约好回去后互相走动。

不久,王鏊回乡小住。他决定在返京之前,宴请陆宝山等亲朋好友。他从陆巷出发,雇了条小船,到西山从元山

东湾

码头上了岸,沿着山间小道直奔涵村而去。陆宝山家境贫寒,以耕种为生。那天,他头戴一顶破凉帽,身穿一件破衣服,腰间束了一条烂草绳,挑着一副破粪桶在地间劳动。王鏊进了涵村,见一位穿得破破烂烂的农民在田间劳作。于是,上前作揖问道:"兄台好,请问陆宝山家怎么走?"陆宝山一听声音有点熟,他抬头瞥了一眼,一看是王鏊,想不能让他小看我。于是,压低了破凉帽,变着声调,指着山坞深处说,往那儿走,见到一片竹林就到了,陆宝山在竹园里看书。王鏊道了谢,往陆宝山指的方向而去。陆宝山见王鏊走了,挑起粪桶直奔家中而去。陆宝山为了争取在家的时间,故意让王鏊兜了个圈。此时,老天突然下起了雨来。王鏊没有带伞,见路旁有一座草庵,于是躲了进去避避雨。半个小

时后,雨停了。王鏊又问了庵主陆宝山家的方向,就急急忙忙走了。不一会儿到了陆宝山家,果然见陆宝山在一片竹园里看书。

后来,王鏊进京后见了皇帝,还想把陆宝山推荐给皇帝。皇帝听王鏊说陆宝山如何如何,于是把他召进了京。但没想到陆宝山见了皇帝,竟然紧张得发慌。皇帝问东,他答西。陆宝山最终没有做上官,终老在涵村村野之地,但他与王鏊的故事却流传了下来。

因为西山方言中称躲雨为"宿",故此草庵也就被称为"一宿庵"了。

东湾古樟群

长寿寺半坐的韦驮

韦驮在寺庙中,承担着守门的任务。他一般与笑脸相迎的弥勒菩萨背对背站着,威风凛凛,双目炯炯有神,盗贼见了都吓得屁滚尿流,哪里还敢来打寺庙的主意!

但在西山甪里的长寿寺内,韦驮是半坐着的。这是韦驮在偷懒呢,或有别的原因?这里有一段神话传说。

甪里位于西山的西南部,与浙江隔湖相望,湖光山色,十分迷人。三国时,孙权的母亲吴国太,常游太湖,就相中了这个地方,并在这儿捐了一座庙,起名为长寿寺,以求自己儿孙及百姓们都身体康健,长命百岁。庙造好后,吴国太每年都要来这儿烧香。

甪里古村

有一年，国太照例前来里长寿寺进香。出门时天气有点阴，孙权劝母亲不要去了，但国太认为烧香的日子不能改，执意要去。孙权无奈，只得相送，嘱咐卫兵和丫鬟们小心伺候。

船行太湖，但见远山淡影，鸥鸟翻飞，由灰蒙蒙的天幕作背景，别有一番风味。一路上，国太说说笑笑，心中非常开心。俗话说，天有不测风云，船行至半湖，忽然起了大风，霎时，湖浪滔天，船激烈地摇晃起来。国太脸色大变，心中念起"阿弥陀佛"。丫鬟吓得大叫起来，卫兵脸变得刷白刷白。船眼看着要颠覆在太湖之中，就在这危急时刻，船忽然冲离湖面，任你大浪滔天，船却稳稳当当。过了半个小时，风骤然停止，太湖重新风平浪静，国太和众人一看，船已至禹王庙门口了，大家好像做了一场梦一般。船靠岸，国太在丫鬟们的搀扶下进了禹王庙。她跪在禹王塑像面前，心中默念，祈求禹王保佑东吴风调雨顺、国泰民安。

进完香，她就直往长寿寺而去。长寿寺内，弥勒挺着个大肚子，笑眯眯地迎着她。国太转身见韦驮身上湿漉漉的，肩头还挂着几根水草，猛然省悟到方才是韦驮施法，在风浪中驮舟出水，让她们化险为夷。国太不由得感激万分，连忙说："赐座。韦驮辛苦了，坐下吧。"韦驮居然开口说："谢国太。"说着，半侧着身坐下去。从此，西山长寿寺的韦驮，就这样半坐着了。

鹿饮泉

清代时，东村秉汇葛家坞笠帽山上有寺庙和住房。房屋下方有一块大石，石上有一汪泉水，泉旁写着"鹿饮泉，严焜书"几个大字。这泉水大旱年间从不干枯，村里人打柴挖药材，总要到那儿去歇一歇，喝口水。

笠帽山海拔二百多米，这么高的山上，怎么会有一汪源源不断的清泉呢？这里还有一段神奇的传说呢。

据说，王母娘娘每十年要做一次大寿。众仙们都要前去祝贺。那年，吕洞宾、铁拐李、太上老君等约好了一同前去。太上老君因有事晚了一些，骑着鹿急急赶去。路经葛家坞上空，鹿口渴难耐不肯前进，太上老君没法只得降下云头。

葛家坞森林一片，往哪儿降呢？太上老君正在思忖下落的地方，岂知那鹿直往笠帽山奔去，落在了一块大黄石板上。老君低头一看，哪里有水呢？老君正想赶着它走，那鹿却用蹄扒拉了几下。老君想，这石块底下难道有泉？试试看。老君拿起拐杖，用力地在石板上东戳戳，西戳戳，不一会儿，一股清泉居然喷涌而出。鹿畅饮一番，长鸣一声，奋蹄而起，直往王母娘娘寿宴上去。

俗话说，无巧不成书。此番情景正好被一樵夫看见了，他感到惊奇万分。于是，偷偷前去看个究竟。但见那地方是块连山大黄石，石上被戳成一个三角形的大池，池内一汪清泉。他感到奇怪极了，回家后，就把这件奇事告诉了乡亲们。第二天，大家都去观看，见果真如他所说的那样，都感到十分奇怪。

事隔不久，有一位在朝为官的人，姓严，名焜，厌倦了官场生涯，就辞了官，来到西山，走进葛家坞。他被那清幽的景色所吸引住了。同时，听到了乡亲们说的关于那泉池的来历，就爬上去看了个明白。他觉得应该留个纪念，第二天，带着石匠来到泉旁，书写了"鹿饮泉，严焜书"六个大字，让石匠刻石以铭。他呢，也在鹿饮泉的上峰盖起了房屋，过起了隐居的生活。

几百年过去了，严焜早已仙逝，他的房屋也早已倒塌无存，但鹿饮泉还在，那美丽的故事依然一代一代地流传着。

鹿饮泉

砻糠搓绳牵蛇山

在消夏湾中有两座山,一座叫大龙山,一座叫蛇山,两山相距十来米。据说,蛇山原来在太湖之中,离大龙山远着呢。那么蛇山怎么会靠近大龙山的呢?

大龙山是一座石山,山上都是太湖石。太湖石经过几万年的太湖水磨砺,造就了千奇百怪、千姿百态的景象,有的像猫,有的像狗,有的像老虎。在大龙山半山腰有一块青石,活脱脱像一只展翅欲飞的燕子,人称"燕子石"。这里犹如动物世界,它的名声传遍了整个江南,也传到了仙界,传到了太白金星和陈抟老祖的耳朵里。于是,他们就来到了大龙山,欣赏这些形态万千的太湖石。坐在燕子石上,他们观看着湖岛远山,心情十分舒畅。谈谈说说之间,不知怎么一来,两人竟打起赌来。太白金星指着太湖中远远的状如蛇形的一座山,对陈抟老祖说,你能把那座山移到我们的身边吗?陈抟老祖对太白金星说,你能把砻糠搓成绳的话,我就把它拉过来。太白金星说,这有何难?两人约定一个月为期,再来大龙山。

两人分手,陈抟老祖想,砻糠搓绳,天下难事,看你太白金星怎么搓?太白金星回去后,就化装成一个老人,来到村里,收购砻糠。他这村跑到那村,收购了七天,收到了整整两大屋砻糠,开始搓绳了。但太白金星搓了三天三夜,绳头也未搓成,愁得他原本一头白发变得更白了。有一天,他在路上遇见观音菩萨,观音见他愁眉苦脸的样子,问他为什么事发愁。太白金星知道观音最有慈悲心,最肯帮助人,就一五一十地将他和陈抟老祖打赌的事说了一遍。观音拿出一个装有仙水的小瓶子,递给了太白金星,告诉他,只要在砻糠上滴上几滴,绳就搓得成。太白金星千恩万谢,拿了瓶子去搓他的绳了。

再说陈抟也有些担心,如果太白金星把砻糠搓成了绳,那也不牢固啊,我用力去拉,恐怕绳断了,山也拉不到大龙山的脚跟前。陈抟就向骊山老母求助,骊山老母告诉陈抟:太白金星得到了观音的帮助,已将绳子搓得差不多了,这事我会暗中帮助你的。陈抟得到了骊山老母的许诺,心定了下来。

大龙山

规定的日子到了,两人就来到了大龙山燕子石上。太白金星拿出长长的砻糠绳,递给了陈抟老祖。陈抟老祖用力一甩,就把太湖中的那座山给套住了。骊山老母此时化成一只大鸟,展翅往大龙山方向飞来,蛇山就这样慢慢地往大龙山方向移来。山越来越近了,太湖水也奔涌而来,冲到了太白金星和陈抟老祖的脚下,他们怕被冲湿裤子,急忙起身往后退。骊山老母往下一看,湖水已涌到大龙山的半山腰,也就折身而走,蛇山于是戛然停在了现在这个位置,从此永远与大龙山做伴。

善心造就片牛山

西山早先有个村落,叫中腰里,片牛山就坐落在那儿。为啥叫片牛山呢?原来山上有一块青石,状如一头耕牛,它的肩膀却被敲去一块,山名由此而来。

牛的肩膀为什么会被敲去一块呢?相传有这样一个故事。

大约是宋朝时候吧,中腰里来了一户姓马的人家。他们的家庭并不富裕,却乐于助人,对一些贫困的人家常常伸出援手。但俗话说:"急好救,穷难济。"马氏家境一般,

片牛山

却经常救济他人,因而"救了田鸡饿死蛇"。他帮助了别人,却苦了自己,有时也变得吃了上顿没下顿。但他仍旧乐此不疲,只要有人求助,他宁愿自己挨饿,也要慷慨解囊。马氏救济穷人的美名,传遍了整个太湖,越传越远,传到了玉皇大帝那儿。

有一天,中腰里来了一位老乞丐,他穿着破破烂烂的衣服,挂着一根拐杖,手臂里挎着一只篮子,篮子里放着一只破碗,走到马氏门前,晕倒了。马氏一见,急忙把他搀进家里,嘱咐妻子给他赶快烧饭。饭烧好,马氏盛了一大碗,亲自喂老头。老头醒了,马氏问他家里的情况,老头哭着说:家里已经没有人了,自己孤苦一人,只能乞讨为生,听说马氏是个大善人,所以前来讨口饭吃。马氏听了,十分同情他,让他住在家里,像待自己的父亲一样待他。

老头也不客气,一住就是半个月。

老头是太白金星乔装的,他奉了玉皇大帝的旨意前来考察马氏。临走时,老头留下了一句话:好心必有好报。

太白金星回到天庭,把考察结果一五一十地汇报了,玉帝听了也很感动,派一头神牛下凡帮助马氏。神牛奉命来到凡间,直达中腰里,它化成一块牛形青石,住在山上。白天,它是一块青石。晚上,它就腾空而起,变作耕牛,帮助马氏耕作。肚皮饿了,它踏着波浪,越过太湖去东山啃食麦苗。吃饱拉屎，撒在马氏的田里，马氏的庄稼因此长得特别好。

马氏得到了神牛的帮助，日子渐渐殷实起来。后来他知道了有神仙在帮他。越发大方地资助他人，神牛看到了马氏的大度，心想这种人凡间是不多的，我好事做到底，帮他发个财吧。于是，它越过太湖来到东山杨湾，一口气将那儿田间的麦苗全部吃个精光。天亮前回来，在地里拉了一堆堆的金子。马氏第二天到田间一看，哇，都是闪亮闪亮的金子。他看得呆了，好久好久才回过神来。马氏从此发迹起来。

但神牛的做法触怒了东山杨湾的土地神，他看到这一带的麦苗在一夜之间遭到损害，便一个状子告到了玉帝那儿，说神牛滥用神威，依仗玉帝的宠爱，兴了一个人，坏了一方人，有违神界规矩。玉皇大帝接过状子，想：我叫它吃草为生，它居然去偷吃起百姓的麦苗来了，做得太过分了，理应受到处罚。玉帝便对土地神如此这般一说，土地神奉旨而去。

一个星期后，中腰里来了十几位东山杨湾人，其中一人拿了一个大榔头，他们悄悄地来到了神牛化身的地方，找到了那块青石，不由分说，对着青石狠狠敲了一下。神牛就这样被敲去了肩膀，破了法道，它再也不能回天庭了。

马氏呢，他发了财，一如既往地救济穷人，还在村里筑了路，架了桥，开挖了河道，方便大家。他的儿孙也继承了他的品行。由于积德，他们家族十分兴旺，据说有十房儿子呢。慢慢地，那儿就形成了一个大的村庄。这个村庄今天就叫前堡村。

鼋背山与鼋头山

在碧波万顷的太湖里,有两座靠在一起的小山,一座叫禹期山,一座叫鼋山,这里出产美丽的太湖石。

相传,古时候天下发大水,太湖的水流不出去,淹掉了周围许许多多村庄和田地,老百姓苦极了。后来,好容易盼来个大禹,劈开了山门,疏通了吴淞江,水才渐渐退下去。因为大禹在太湖里的一座小山上聚集治水的首领议过事,

花石纲遗址

人们就把这座小山称为禹期山(今称前湾山)。大禹治水成功后,打算凿一只石鼋作为镇妖石,永远镇住太湖水龙。一天,他在禹期山旁边的小山顶上看到一块一丈多高、腰可十围的大青石,石色晶莹,十分好看,便用开山巨斧凿起来。神斧向下劈去,劈得碎石飞溅,不多一会儿,一只石鼋便凿成了。石鼋伸颈展爪,神气活现地立在山顶。大禹又用他身边带着的女娲补天的五色宝石,在石鼋身上划

禹期山

上许多花纹，石鼋身上就长出了甲壳。从那以后，这座小山头便被人们称为鼋山。那些在劈石时飞溅出来的石块，经过湖水冲刷，也就变成了玲珑剔透的太湖石。

到了宋朝宣和年间，苏州出了个浪荡公子，名叫朱勔，家里有钱。朱勔一心想做官，但苦于无人推荐。若说考科举，他连个"人之初，性本善"都念不清楚。因为闲着无事，他家小花园里的太湖石倒摆设了不少。一天，朱勔一边喝酒，一边寻思当官的门道：听说当今皇上喜欢奇珍异石，这太湖石名扬天下，我何不装运些奇异太湖石进京？朱勔拿定这个主意，便急急忙忙雇人造了一只大船。这只船又平又阔，船不像船，筏不像筏，人称"四不像"。船造

好后,便选了最大的一块太湖石,雇了千把个纤夫、扛脚,向京都进发。这块太湖石一到京城,皇帝见了大喜,他从来没见过这么大、这么好看的石头哩,就封朱勔为威远军节使,赐金带玉帛,还别出心裁地封这块石头为"盘固侯",并传旨命朱勔回江南专门搜集奇花异石,组织"花石纲"进贡。朱勔这下子可真是威风极了,他手捧圣旨,颈挂金印,头戴乌纱,身穿官袍,高高兴兴地乘船返乡。一回到苏州,便派人四处搜罗太湖石,不管人家是摆在花园内的,还是放在书房里的,都要抢走。石头太大,门框里扛不出的,就命人拆毁围墙,掀翻房屋,闹得鸡犬不宁。

一日,他听说太湖里的鼋山上有一只石鼋还是大禹王凿成的，肚里就寻思：鼋又称团鱼，象征团圆有余；鼋又能长寿，皇帝喜欢讨个吉利，一定十分喜爱。我要是把这只石鼋运到京城，不知要连升几级呢！他越想心里越高兴，便急急忙忙乘了船，来到鼋山。鼋山顶上的那只石鼋，昂起头，眼睛直望着太湖，四只脚活像马上要从山上爬下来一样活灵活现。他围着石鼋兜了一圈以一圈，便得意扬扬地指使狗腿子拉村民来，要把石鼋搬走。数百名老百姓，被凶恶的衙役、差人用鞭子赶来搬石鼋。朱勔派人在石鼋四只脚和头颈上结了五根又粗又大的麻绳，把一只船不像船、筏不像筏的"四不像"停泊在山旁湖面上，又搭了几丈宽的跳板。老百姓含着眼泪抬起杠子，但十来根杠子压弯了，石鼋却动也不动。老百姓个个筋疲力尽了。这时有人说，这鼋是神物，怎么扛得动呀？再要硬扛，它一发怒就不得了。朱勔听了，勃然大怒，说自己是皇帝派来的，什么神物不神物，石鼋抬不走，就把鼋头敲掉！狗腿子听了此话，鸡毛当令箭，举起铁锤便朝鼋头打去。忽听得"轰隆"一声巨响，金光四射，断了的鼋头顺着山势滚下湖去。鼋头一滚到湖里，顿时狂风呼啸，浊浪四起，浪头像小山一样向山上涌来。一个巨浪卷过，把朱勔的狗腿子都卷到了太湖里，连他造的"四不像"也被打得粉碎，一点踪影也没有了。

　　风浪平息了，在鼋头滚下去的湖面上，又出现了一座小山，活像伸出的鼋头，于是后人把原来的鼋山称为"鼋背山"，把旁边的小山称为"鼋头山"。两座小山相距很近，世世代代的渔民行船到这里，都要骂一声朱勔。

思夫山

思夫山是太湖中的一个小岛，它的形状好似大大的螺蛳，伏在太湖水中，所以最早是叫蛳浮山。岛上有着许许多多的中草药材，好比一座草药的宝库。据说，那个岛上还有着一种炼制长生不老药的药材呢。

有一年，来了一位炼仙丹妙药的药师，叫阴长生。有道是做了皇帝要成仙，明朝皇帝不知听信了什么人的蛊惑，居然想要一种长生不老之药。于是，把京城里的药师全部派出，要他们在一年之内炼制成功，否则，满门抄斩。无奈，这个阴长生和其他药师一样，背起药箱开始行走在名山大川，但半年快过去了，仙药的原料还没有找到。就在他愁眉苦脸、一筹莫展的时候，有人告诉他太湖中有一药岛，上面长满了上百种药草。他怀着满心的希望，越过太湖来到西山打听。当地人告诉他，北边太湖中的那个状如螺蛳的岛就是。此时的阴长生开心得几乎发狂，借了条船，赶紧往那岛上去。

阴长生去蛳浮山炼制仙丹的事，很快就传遍了西山的每个角落。有一个刚结婚的青年，对新婚的妻子说，我要去拜阴长生为师，学习研制长生不老药的妙方。妻子说，哪里有这样的事呀，如果这样的话，世上的人不要太多哦，你不要去相信，我也不需要做千年不死的老妖怪。那个新郎说，假若我们炼成了，我们就可以不死，至少也可以活几百年，长相厮守嘛。妻子见丈夫不听劝，只得含着眼泪，依依不舍地把他送至湖边，嘱咐一旦炼成，马上回来。新郎红着眼圈答应了。

那新郎跟着阴长生来到蛳浮山，非要拜他为师不可。阴长生想多一个帮手也好，就收下了这个徒弟。师徒俩就在山上搭起了茅屋，垒起灶，采草药，开始研制仙丹。

可怜的新娘独守着空房，日夜思念着丈夫。每天的傍晚，她都要到湖边去望望，看看有没有丈夫归来的船只。然而，一天天过去了，丈夫的身影一直没有出现。半年过去了，丈夫还是没有一点音讯。女人再也受不住相思的煎熬，她雇了条小船，毅然决定去寻找自己的丈夫。她上了蛳浮山，看到只剩下两间空空的茅屋和一个锅台模样的石灶，哪里还有阴长生和丈夫的人影？

他们去了哪里呢？原来，阴长生炼制仙丹的事传了开去。皇帝想长命百岁，永远不老，有钱人也在想。浙江有个恶霸，派人化装成采药草的人，跑到蛳浮山日夜监视着阴长生师徒俩。就在师徒俩刚把仙丹炼成的那天夜里，一

伙蒙面人冲进茅屋,用刀逼着他们拿出仙丹来。阴长生哪里肯答应,仙丹他要去交给皇上的。交成了,荣华富贵享受不尽;交不出,不仅杀头,还要株连九族的呀。阴长生是个老江湖,早就怀疑那几个常来山上的人必有蹊跷,因此,仙丹一炼成就把它藏在了一个隐秘的地方,凶徒们翻箱倒柜什么都没有找到,怕回去交不了差,就将师徒俩绑架而去。

那女人在蛳浮山从东找到西,从西找到东,始终没有见到自己的丈夫。她面对着太湖呼喊着,哭泣着,回答她的只有滔滔的太湖水。

从此,每年的这个时候,她都要去蛳浮山寻找自己的丈夫,但每次都是孤单单地回来。女人年年的泪水使得思夫山的草木都湿透了。大概蛳浮山的土地公公被她哭得心酸难忍,干脆禀明玉帝,让这个小岛慢慢地下沉,最后此岛就被太湖水全部淹没了。

太湖小岛

夏泾大圣堂

西山夏泾和慈里,各有一个大圣堂。两个大圣堂供奉的同是关老爷。这是怎么回事呢?或者说哪个大圣堂是正宗的呢?

原来很久以前,慈里的夏黄两家族长决定在慈西建造大圣堂,且很快就落成了。然后,他们去光福红埠山雕刻工厂洽谈雕刻一尊关公像。工头答应尽快雕刻交付。

工头带着他的工匠们紧赶慢赶,终于雕刻完毕。他叫了一条大木船,把关老爷雕像送往慈里。船老大听着工头的叮嘱,说保证送到慈里。

大圣堂旧址

船开到植里港口附近，湖面上突起大雾，船老大辨不清东西南北，便停靠夏泾港口，上岸问讯这是哪里，岸上人回答是植里。植里、慈里土话音近，要细细听才能辨别出来。船老大是外地人，把植里听成了慈里，当下心中大喜。于是便请岸上那人快快通报族长或管事的，说关老爷到了。那个植里人不敢怠慢，立即回村通报。植里的李姓族长和夏泾的金姓族长都很诧异：我们没有联系雕刻关老爷像，怎么有人送来了啊？再一想，关老爷不请自来，是天大的喜事，怎有不迎之理！两人一起赶到港口，吩咐下去，青壮劳力都来港口为关老爷接驾。

说也奇怪，关老爷上岸以后，湖面上浓雾散了。船家便起锚开船回去了。

人多力量大，人们把关老爷请到了张家湾与夏泾两村之间的一块空地上，族长下令盖好雕像，派人看护。并且传令下去，明天男女老少上山挑石头砍树木，为关老爷建造新屋，名为大圣堂。

很快，黄石墙体的大圣堂仓促建好了，关老爷住进去了。

再说，慈里的族长等了好久，想想雕像也该雕好了，怎么还没送来呢？这么青砖黛瓦的殿堂空荡荡的，要让关老爷早日入住才好啊。于是，他们再次去了红埠山，问工头何时交付。工头一开始还以为他们是来付工钱的，不料他们是来问交付时间的，遂道：我明明派船送来了，你却没收到，那船家送去哪里了啊？工头让族长别急，喊来船家一问就知道的。可船家说明明是送到慈里的呀！慈里族长一头雾水。

还是工头想得周到。他说船老大不会说谎的，我们现在就坐船去西山，让船老大指认送货地点。

船开到植里港口，船老大一眼就认出来了，说慈里到了。大家这才明白是地名音近造成的误会。工头也不想再去找植里族长了。他告诉慈里族长，你们等着，我重新雕刻关老爷像，完工后送来，不要你们一分钱。

后来，他践行了自己的诺言，送货上门，不收一分钱。植里族长知道了原委，赶去红埠山付钱，工头坚决不收。

两个大圣堂同在一个乡，两个关老爷出自同一个工匠，不同的是慈里人先盖大圣堂，后迎关老爷；植里夏泾人是先接关老爷，后建大圣堂。

阴山岛古樟

阴山岛渡口边有棵高高大大的樟树,已有千年历史,据说是东吴时种植。树高三十六米左右,直径超两米六,荫覆两亩,有着满"肚"的石头。这是怎么回事呢?原来古樟曾遭受过一次劫难。民国时期,太湖出了一个强盗头子,叫金阿三。有一次,他来到阴山岛,看到了那棵高大的樟树,扬言要来砍伐。村民们知道这个消息,连夜商议对策,有人提议将樟树开肚,里面灌满石子,并将外面的树皮装饰好,好让他们锯不进去又看不出问题,大家都说好,遂连夜将樟树动了"手术"。过了几天,金阿三果然带

阴山岛古樟

阴山

着一帮强盗来到了阴山岛,当强盗们锯入古樟表层时,怎么也锯不进去了。几个强盗轮流拉锯,累得满头是汗,还是一点进展都没有。这时,村民按照事先商议的办法,带着香烛来了。他们一齐跪在樟树的面前,口里念道:樟神呀樟神,可不能怪我们啊。金阿三一听这是一棵神樟,一拍脑袋:哎!怪不得锯不进去了。强盗大凡很迷信,金阿三也不例外,他天不怕地不怕,就是怕神灵,吓得跪下了。喽啰们见了,也慌得争先恐后下了跪。村民见状暗暗发笑。

从此,金阿三再也没有踏进阴山岛半步,他怕那棵被他锯过的神樟寻他的晦气。古樟就这样保存到了今天。

忠义五老爷

西山民间有句顺口溜:"吃粮大,葡萄二,野鸭三,柿漆四,网船五",讲的就是五位老爷的故事。五位老爷五座庙,分居在西山各地。老爷们也各司其职。吃粮大是大哥,统领全局,掌管稻麦,居住在衙里。二老爷掌管水果,居住在慈里。三老爷管禽类,居住在消夏湾瓦山。四老爷掌管柿漆等手工业,居住在秉场里四龙山。五老爷管渔业,居住在元山屯山。

相传五个老爷原是五位将军,都是梁武帝的后代。梁朝被灭后,五位将军就逃亡隐居在太湖西山。他们都有一身的好本领,为西山的百姓们做了许多的好事,教会了西山百姓种植葡萄、打柿漆等手艺,得到了百姓们的爱戴。陈霸先做了皇帝,怕萧家后裔前来报复,派出了大批密探寻找这五位将军,终于打听到五人居住在太湖西山岛上。他知道五位将军个个身手不凡,武功卓绝,想劝降他们,但遭到了五人的坚决拒绝。劝降不成,陈霸先就派出了大批将士来到西山,准备生擒他们。五人奋起神威,血战陈兵。陈兵按照陈霸先务必生擒的要求,不敢伤他们的性命,就用箭射他们的腿。五人一个个身中数箭,仍不肯投降,大呼"生是梁朝人,死是梁朝鬼",最后一齐拔剑自刎。

五人死后,五缕忠魂直上云霄。巡逻官报告玉皇大帝,说天庭门外有五个魂灵在飘荡。玉皇大帝吩咐召他们进来,五人细细讲了一遍他们的身世和经历。玉帝听后,觉得五

四老爷庙

五老爷庙

人在民间做得很好,又非常地忠厚,就封他们为神,嘱咐他们继续为西山的百姓造福。五人磕头谢恩,灵魂又回到了西山,常在原来的地方显灵。西山百姓为了纪念他们,就分别在他们显灵过的地方造起了庙,庙内供奉着他们的神像。人们年年月月烧香供奉,祈求他们继续为大家排忧解难。

元山有一户姓柴的人家,经常驾船往返太湖。有一次柴氏从浙江回来,船行驶到太湖当中,突然乌云密布,狂风大作。太湖掀起了滔天的巨浪,柴船主急忙落下船帆,但已经来不及了,船被颠覆了。大浪把船打得七零八散,船主漂在湖里,眼见得要被巨浪吞没。就在这危急的时刻,从五老爷的庙里发出了一道闪亮的光来,直向黑锅一样的湖面射去。船主眼前一亮,他看见了一块船板,伸出手去抓住了它,过了半个时辰,天出奇地放晴了,风也小了,浪也平了,路过的船只救回了他。柴船主感激五老爷救了他一命,以后就年年在这一天去烧香感谢五老爷。

西山百姓都认为,五老爷就是这样为保佑地方尽心尽职的。

伤心五女坟

西山有两个五女坟,一个在瞳里,一个在秉场村的四龙山。两个坟都有令人伤心悲痛的故事。

一

晋代,西山秉场村有个自然村,叫山东村。村中居住着一户姓王的贫困人家。男主人名叫王五,他早年丧妻,拖着五个女儿,靠几分薄田过日子,

五女坟

生活的艰辛就不用说了。村里人劝他送掉几个女儿,但是,妻子临死时曾托付说:"夫君啊,我对不住你,先走了,你无论如何都要把女儿养大成人呀。"那时,他含着眼泪答应了妻子。想起这,他怎能忍心将女儿送人呢?

在吃糠咽菜中,五个女儿长大了。俗话说,男大当婚,女大当嫁。大女儿长到十八岁,做媒的人接踵而来,求婚

的踏破了门槛。但大女儿看着尚小的妹妹们，看着劳累过度的父亲，她发誓不嫁，要帮助父亲养活妹妹，要伺候父亲终老。看着女儿这样孝顺，王五既高兴又担忧，说到底，女儿大了不嫁人，那也是做爹的一块心病啊。

家境的贫困，生活的折磨，加上积劳成疾，王五竟一病不起，女儿们求爷爷告奶奶，借了钱给父亲治病，但父亲心力交瘁，终究医治无效。五个女儿悲痛欲绝。父亲死了，家贫如洗，为父亲看病的钱还没有还，棺材买不起，更不要说请和尚道士来超度父亲的亡灵了。但人死了，总得安葬，可怜五个女儿在村人的帮助下，挖了一个坑，自己背着泥土下葬父亲。一边下土，一边哭泣，越哭越伤心，越伤心越哭，她们边哭边用手指捧土，捧得破了皮，流了血，但并不觉得痛。天快黑了，父亲的墓才慢慢合拢堆高。望着父亲的坟墓，五女又哭得抱成了一团。生活的希望在哪里？温暖的家庭又在哪里？五女感到心如死灰，决意随父而去。于是，她们又跪拜了父亲一圈，一个个撞死在父亲的坟前。

邻居们见天黑了，五女还没有回来，于是打着油灯前去一看，但见五个女孩血流一地，已横死在她们父亲的坟前。看见的人没有一个不被眼前的惨境所震惊，纷纷流下了同情的泪水。村里人被她们的孝心感动了，大家出钱合葬了五女，让她们的魂灵永远守着父亲。

二

西山瞳里有个大族，姓郑。郑氏世代为官，隐居在瞳里的郑士昌是个将军，跟随宋度宗南征北战，立下过赫赫战功。因为父亲死了,皇帝允许他守孝在家。郑士昌养了五个女儿,个个美貌如花。他看着五个如花似月的女儿,既高兴又担心。高兴的是女儿个个乖巧漂亮;担心的是时局不稳,虽说这里没有什么战争,但太湖中也有强盗,女儿的美貌早已传遍了西山,强盗们知道后,会不会来抢他的女儿呢?他早晚要离开家乡回到京城任职,女儿又不能随他一起去,怎么办呢?思前想后,他终于想出了一个自以为很好的办法,即在瞳里秘密买了一块地,造了一个宽大的地下室。地下室里有卧室,有厨房。一旦有事,他就把女儿藏在地下室里。

地下室刚建好,皇帝老儿的命令也来了。他庆幸自己及早有了准备。他把女儿安置好,并在地下室储存了三年的粮食,就离开了家乡。他想最多三年,三年后,我也告老回乡,和女儿一起享受天伦之乐了。

三年很快过去了,战争结束,南宋也灭亡了。他逃回家乡,急急忙忙地去探望自己的女儿们。将地下室的门撬开,进入里面,一副惨象令他天旋地转,昏厥在地。只见五个女儿早已化成五堆白骨!这是怎么回事呢?

原来,就在他走后半年的一个中午,五个宝贝女儿在地下室里嬉戏,不小心将油灯扑灭了。地下室失去了火苗,变得一片漆黑。五个女儿顿时惊恐万丈,不知怎么办才好。地下室的油灯是特制的,油灯连接着满满的油桶,油桶里的灯油四年都不会用完。郑士昌想当然地认为,他为女儿们置备的是不灭之灯,就不曾想到还要教会女儿怎样敲打燧石、引燃"火信"点灯的法子。就是这么一个小小的疏忽,造成了油灯意外熄灭,她们却不知道怎样去点燃。

甪湾图

火种没有了，饭也不能煮了，她们饿了就吃生米，但生米怎么能吃得下？她们摸索着想出去，但找来找去，却没有找到出口。地下室黑洞洞的，透气洞里漏进一丝光亮，她们想从那儿出去，但石块坚实，娇嫩的小手又怎能扒得开呢？没有多久，五个女孩个个生病而亡。

郑士昌悲痛万分，但人死不能复生，他责怪自己也没有用，遂决定隆重安葬五个女儿，把这地下室作为她们的墓穴，并为她们立了碑。今天，那墓地和碑还在。

小娘坟

话说明朝万历年间,苏州府有个年轻的妇人,姓马名淑珍。马家世代经商,家底深厚,是当地有名的钻天洞庭大商户。作为家中唯一的女儿,她自然是父母的掌上明珠,父母对其宠爱有加,呵护备至。

可天有不测风云。在马氏十七岁那年,父亲忽然身患重病,没多久便撒手人寰。家里没了顶梁柱,生意一落千丈,偌大的马家就此没落。好在没多久,其母亲便为她说了一门不错的亲事。

男方是个书生,姓郑,出身官宦门第,身世显赫,至其父亲时已大不如前,不过他当过通判,在当地颇有声望。

西山鸟瞰

马氏本以为自己能继续过好日子，可嫁入郑家后才发现，丈夫是个病秧子，且郑家外强中干，渐渐失去了当年的辉煌。

就这样过了两年，丈夫病情加重，一命呜呼。公公婆婆则变卖家产，搬到了木渎镇上。只让马氏一人住到太湖西山岛上甪里村的老宅里。自那以后，马氏整日靠编织草鞋为生，日子虽然清苦，尚能自食其力。

一天清晨，马氏来到河边洗衣服。刚走到岸边，她就看到不远处的岸滩上躺着一个男子。他鼻中还有气息。马氏赶忙拼尽全力将男子拖到了岸边的一棵树下，并到河边打水，喂男子喝下。

过了好一会，男子才渐渐恢复了神智。得知是马氏救了自己，他挣扎着起身，作揖行礼，以示感谢。交谈中得知，男子名唤欧阳志，是一名书生，正在游山玩水。只是因为人生地不熟，再加上他身上的盘缠被偷，这才饿晕在了附近的草丛里。

马氏见他可怜，便将其带回了家，并给他做了一锅热粥。欧阳志吃饱后，取下了腰间的玉佩作为酬劳，递给了马氏。欧阳志告诉她，其实他是腰缠万贯的富家子弟。那玉佩晶莹剔透，做工细致，一看就价值不菲。马氏没有推脱，伸手接下。

欧阳志见状，脸上露出一丝笑意，随后便出门离开了。马氏本想出口挽留，可看着手中的玉佩，还是闭上了嘴。后来，马氏上街卖掉了玉佩，得到了不少钱，生活也得到了一定的改善。

自那以后，每隔几天，欧阳志都会来找马氏，并为她送来钱财或食物，两人也成了无话不谈的好朋友。

这年中秋，马氏主动邀请欧阳志前来赏月。两人坐在马氏家的院子里饮酒，十分快活。酒过三巡，马氏的胆子渐渐大了起来。她顺势躺进欧阳志怀中，含情脉脉地看着他。只想早日与欧阳志这个贵公子一起幸福地生活，自己就心满意足了……

之后一连三天，欧阳志因为有事都没再来找过她。马氏趁这当口回了一趟娘家，并将欧阳志给自己的一部分钱财带给了母亲。在娘家住了几天后，马氏就想回家。母亲告诉她太湖里强盗出没，很不太平，但马氏还是想着欧阳志，就乘着客船回了西山。一路平安无事，她顺利走到了村口。可在路过村口一片庄稼地的时候，她忽然听到湖边传来了嘈杂的人声，一看，来了好几条强盗船。不好，要赶紧告知乡亲们！

马氏她拔腿就跑，一边跑一边大声呼喊："强盗来啦——"大家都听到了她的喊声，年纪稍大的胆小怕事，关紧了门窗；年轻力壮的青壮年各自手持锄头铁锸，聚集在村道上准备迎击强盗。湖匪偷袭的计划就落空了。他们看到村民们众志成城，难以下手，便趁乱抓住了报信的马氏退往湖边。眼看族长带着众人追了过来，强盗头子便举刀砍死了马氏，登船逃遁了。

半个月后，欧阳志再次来找马氏，却只见到了马氏的坟，他伤心地呼马氏为"小娘子"，后来这个地方就叫小娘坟。

水月坞无碍泉

　　西山堂里村有一坞,溪水淙淙,鸟语花香,其内种植着大批的茶树果树。这儿有座小青山,坞名就叫小青坞。小青是条小青蛇,它从小就在那里长大,后来又在这里修炼成精。白天,她化装成一个村姑;晚上,恢复原身,修炼功夫。山脚下有个老人上山打柴碰见过她,问她是什么地方人,她说她叫小青,就住在这座山上。但老人找遍整个山头,却没有见到一幢住房。其后,再也没有碰见过她。据说那是秦朝以前的故事。当然这是传说,小青山的名字就是从这传说而来。

　　到了南北朝,小青坞来了一个和尚,他看中了这方风水宝地,就在这里建立了寺庙。因山泉清澈,月耀山坞,故起名水月坞,寺也叫水月寺。

　　唐朝时,山坞内种植了许多茶树。李隆基要全国各地供奉名茶,苏州的地方官把任务下达到西山。西山当时茶树数水月坞内最多,况且,寺中和尚知道该怎样制作出清香的茶叶来。于是,就把水月寺作为供奉朝廷茶叶的基地,设了贡茶院。

　　水月坞有了一个贡茶院,说明这儿产的茶叶确实不是凡品,因此,前来吃茶的人不少。不过,能够进入寺内品茗的,都是一些有身价有名望的人。到了宋代,贡茶院依然如故,李弥大就在那个时候来到了水月坞。

　　李弥大被同僚倾轧而罢官,因喜欢太湖山水风光,隐居在林屋洞旁。他听说水月坞内有个贡茶院，是个吃茶的好地方，就来到这里。李弥大虽然被罢了官，但毕竟做过吏部侍郎，身价非同一般。住持真源早已听说过这个人，知道他是个清官，脾气耿直，才学很好，因此，对他格外敬重。真源吩咐小和尚拿出刚制作的上等新茶泡给李弥大喝。小和尚捧出一个茶杯，倒满开水，然后，拿出茶叶放进杯中，但见茶叶徐徐下沉，卷曲的茶叶渐渐舒展。李弥大啜了一口，嗯，味道不错，清香、可口。真源看着李弥大笑眯眯的，心里也十分高兴。他说："大人，此茶喝第二、三开最好，有回味，清凉、甜津。"小和尚又替他杯中续了开水，李弥大道了谢，又喝了一口，嘴里回味一下，果然有种清凉、甜润的感觉。李弥大在朝为官，喝过各地名茶，但他还从未品尝过这样绝佳的茶叶呢。他高兴地请教真源和尚，问："这茶为什么和别的地方不一样？"真源告诉他，这里的茶有三个不一般：首先，这里地理环境独特，茶树长在果树丛中，因而茶叶中有一种花果的清香。其次，这里水质特优。泉水清洌、甘甜。再次，当地制茶的功夫尤为精湛。李弥大听后，方知其中的原委。

两人谈得很是投机，当夜，李弥大就借宿寺中。夜里，李弥大一边品茶，一边在写那种喝茶的感觉。忽然，一阵风吹来，一个青衣女子出现在他的眼前。李弥大一惊，忙问："你是何人，怎么会出现在寺庙之中？"青衣女子道了个万福，说："大人不必惊慌，我乃这里的蛇仙。大人在五百年前对我有过救命之恩。今天，也是机缘巧合，让我为大人服务一次。"说完，青衣女子上前为李弥大杯中斟了开水。李弥大听得迷迷糊糊，一时竟呆呆地不知说什么

无碍泉

为好。青衣女子朝他笑笑，再次行个礼，不见了。

　　这天夜里，真源和尚也梦见一青衣女子，说希望他能为今宵借宿寺中之人开挖泉池，并立下一碑。第二天，真源把梦境向李弥大说了，李弥大十分惊奇，感叹地说："人还是要多做些善事，即使自己忘了，受益人还永远记得。"真源连说："善哉！善哉！"待李弥大走后，真源根据梦中青衣女子的指点，在寺庙的背后挖了一口池。挖池时，清泉喷涌有声。

　　李弥大信佛喜禅，自号无碍居士，真源便把这池命名为无碍泉。

诸稽郢传下诸家河头

诸稽郢,春秋时期五大夫之一。相传西山消夏湾旁的诸家河头就是因他而得名,他的墓也在诸家河头。这么一个著名的人物,他怎么会来到西山的呢?故事还得从头说起——

周敬王时阖闾引兵伐越。越王勾践亲自督师御之,灵姑浮为先锋。在这场战斗中,吴越双方互有胜负,难决输赢,一时处于僵持状态。

这时,诸稽郢出场了。他密奏了罪人计,勾践遵照他的计策,让罪人排着队,背着刀,出列在吴兵的面前。边走边高呼:"越国不幸,得罪于吴,致使两国兵戎相见。我们愿以死向吴王谢罪!"说罢,一齐拔刀自刎。一排罪人倒下,第二排、第三排罪人又以同样的方式,高呼自刎而死。一时,刀光闪处,鲜血喷向天空!这样血腥的自杀场景,让吴兵惊呆了。正当吴兵惊魂不定的时刻,越兵发起了猛烈的进攻。立时,吴军兵败如山倒。

后来越王勾践又派诸稽郢率兵三千,助吴攻齐。吴王夫差问诸稽郢:"子观吴兵强勇,视越如何?"诸稽郢稽首道:"吴兵之强,天下莫当,何论越弱!"诸稽郢助吴打了胜仗,拿了一句奉承的软话给吴王,承认自己国家不堪,弱小可欺。这番示弱的言论让吴王大悦,他重赏越兵,使诸稽郢先回报捷。吴王由此更加骄傲自大起来。

到后来越国攻打吴国,诸稽郢穿着重铠,引着大舰数十艘，突入吴舟，待尚隔一丈之水时，纵身跳入吴舟，斩杀吴国名将胥门巢。攻打吴都时，诸稽郢令诸将放火烧民房，吴将遂各自奔逃。灭吴后，他被派留守吴都。

诸稽郢是一个为越国立下赫赫战功的人。但是当他看到在庆功会上，"群臣大悦而笑，惟勾践无喜色"，后来又发生了"狡兔死，走狗烹"的种种事件，遂决定告老隐居。

他去了哪里？清代的《林屋民风》写出了他的下落。文中写道：（诸家河头）村民秦存古开掘池塘时得一石碣，上有"越大夫诸稽郢之墓"八字，似秦汉人书。即于该处封土树碣，请诸姓人家守之。看来，这个现在叫诸家河头的地方就是诸稽郢隐居之处啊。

现在我们看到的墓冢由黄石砌成。墓前一通古碑写着"越大夫诸稽郢之墓"，是清光绪十一年（1885）用头寨巡检暴式昭重修时请俞曲园重书的墓碣。

在走访时，笔者还从村中长者诸传荣那儿听到了一个不一样的说法。

诸传荣说，其实现在立碑处是一处空坟，并非真正的诸稽郢墓。空坟的北端，叫半堂门。门前有一方空阔地，昔年是秦存古的家园。秦是一大户，他们造了豪宅后，想在这里挖口井用。结果挖到5米多深处，发现了几块无比巨大的石板，再也挖不下去了。石板上有一石碣，上书"越大夫诸稽郢之墓"。细听其下水声轰然。再仔细察看，似乎有棺材吊在下面。这无疑是一座大墓。墓主应该是诸稽郢。秦氏不敢声张，只怕引起盗墓者的挖掘。于是，就覆土其上，在离百米处的下方，重新挖了一口井。

诸家河头诸稽郢墓

此井,现叫"秦家井"。那碑呢,也被他们移了过去,移到了薛家桥南侧的一块地里,也就是如今人们所见的立碑处。

杨千斤与李八百

话说西山夏家底有位姓杨的大力士,人称"杨千斤",相传为杨家将后裔。西山山下村也有位大力士,人呼"李八百"。有一日,李八百去夏家底做事,顺手牵走了一只肥羊。被牵走的羊是杨千斤姐姐的。姐姐发现后哭着去告诉弟弟。杨千斤一听,说:"姐,不要哭,我去追回来。"说完,拔腿就追。李八百跑得很快。杨千斤一直追到堂里金家岭上。李八百知道能追上他的人也非泛泛之辈,有心要与他比试一番,遂对来人说:"老兄,你让我打三拳,若挺得住,羊就还你。"杨千斤说:"好。"说完,立定。李八百心想,堂里人没有挨得过我三拳的,一般人一拳已经趴下了。第一拳他用了三成力气。杨千斤一动不动。李八百想,这人有两下子。第二拳便用了六成的力气。心想,这下你该吃不住了。结果,杨千斤还是不动,只是脚将泥土踩下去了一两寸。李八百这下有点惊讶了。他想,最后一拳,让他吃不了兜着走。于是用了十成的力气打去。然而只见杨千斤身子稍稍晃动了一下,两脚陷进了土中,人依然挺立着。李八百知道今天碰到高手了。杨千斤舒了一口气,说:"朋友,三拳已过。羊该还我了吧?要不要也吃我三拳?"李八百一听一个激灵,心想,此人远胜于我,他三拳下来,我可吃不消。于是,尴尬地笑了笑,说:"君子一言驷马难追。小弟刚才说了,你吃得住,羊就归你了。"说完,一溜烟地跑了。

周文者

话说衙甪里周家上头有位姓周名文者的年轻人,在东山一家店堂里学生意。一日,店堂里来了一位强行化缘的和尚。只见他手中托了一只约五百斤重的生铁木鱼,大摇大摆地来到店堂里,将木鱼放在了柜台上。店堂伙计一看,吓得不得了。此刻,老板不在家。怎么办?伙计连忙找周文者商量。小周正在院子里打扫卫生,一听师兄着急的样子,说,师兄,不要紧,我去会会他。只见周文者拿了一把鸡毛掸子,这边掸掸,那边掸掸,来到柜台,往

衙甪里永宁桥

柜台上一扫过去。但见那数百斤重的木鱼经不起他的轻轻一扫,竟直往大门口飞去。"啪",生铁做的木鱼掉在地上。和尚一看,知道店内有高手,说了声"三年后再会",掉头就走。

　　三年很快过去了。和尚一直在苦练本领,想找周文者报仇。他打听到周文者在西山衙用里周家上头,于是一路寻找而去。周文者知道这一天到来了,就在路边的一家茶楼里等他。两人见面,不由分说,打了起来。大战了十几个回合,和尚一个趔趄,被周文者一记黑虎掏心,打得趴下,好久爬不起来。和尚知道自己不是他的对手,悻悻而回。临走时,强装腔势抛下一句话:"十年后再会。"

徐太保

徐太保是西山堂里人氏。相传,其母怀孕时曾梦见一大蟒游入腹内,醒后隐觉胎动。十一个月后才生下徐太保。徐太保幼时敦敦实实,力大无穷。十来岁时曾将百斤重的石狮子举过头顶,满街游走,轰动四方乡邻。

徐太保曾得一异人传授,学得一身邪术功夫。有一次,他来到湖边,将纸折叠成船,放在盛满水的脸盆里,搞起了恶作剧。只见他面对脸盆,轻轻吹了起来,盆里的纸船便摇晃而动。霎时,太湖一角也波浪翻滚,渔船颠荡。吓得渔民们纷纷收网回港。徐太保却哈哈大笑。

徐太保也敢为穷人打抱不平。有一天,他出门去玩,看见一财主正率领一班狗腿子毒打一穷汉。徐太保大喝一声道:"喂,为什么打这老汉?"财主见是一年轻后生,立即双眼一瞪:"臭小子,谁要你多管闲事,滚一边去。"徐太保一听,立时大怒,抡起巴掌就打。狗腿子们见状,连忙护主,围上了徐太保。但他们哪是对手,徐太保三拳两脚,就把他们打得屁滚尿流,磕头求饶。从此,乡里附近,财主们一提起徐太保无不心惊胆战,咬牙切齿,但又无可奈何。

徐太保习了异术,徐母还蒙在鼓里。那一年清明节到了,徐母开始做清明团。当她将蒸熟的团子拿出来时,忽然思念起远在湖南做生意的丈夫来,便叹了一口气对徐太保说:"小保啊,你能吃娘做的热团子,可你爹爹却……

唉！"徐太保一听，连忙说："娘，您不用急，孩儿给父亲送去便是。"徐母一听，笑了笑，说道："你有这份孝心就好。但你父远在湖南，路途如此遥远，哪能吃上娘做的热团子？"徐太保答道："娘，孩儿自有办法。"徐母哪里肯信，又去蒸第二笼团子。徐太保不再说话，兜起热团子，拉着母亲往外就走。徐母斥道："保儿，发什么疯！"徐太保不吱声，将母亲拉到湖边，折起一根芦苇，抛向湖中，吹了吹气，跳将上去。芦苇霎时如飞般破浪而去。"孩儿去也。"远远传来徐太保的声音。徐母看得目瞪口呆，久久才

堂里古码头

回过神来。据说，徐太保到湖南找到父亲，那团子还冒着热气呢。

　　话说当年太湖中有一水怪，常兴风作浪，吓得渔船和过湖客商每日提心吊胆。徐太保成年后，决心除掉这个水中妖怪。其时，徐太保已收了一名弟子。那一日，师徒俩来到湖中，准备生擒水妖。搏斗前，太保拔下背负的宝剑，对徒弟说："如果我敌不过水妖，你就将宝剑递给我。"弟子应诺。徐太保和弟子踏着波浪，寻找水怪。恰巧，那水怪也踏着波浪而来。于是，一场惊心动魄的决斗在太湖中展了开来。他们从湖面打到湖底，直打得湖上波浪滔天，鱼儿乱撞，看得弟子心惊肉跳。

　　战斗了半天，徐太保见久不能胜，便急忙将手伸出湖面。那水妖一见，也将手伸出湖面。水面上便出现两只手，一只犹如一把蒲扇，一只一如人手一般。那弟子见了，心想，蒲扇之手定然是水怪无异，肉手一定是师傅的。于是，他将宝剑递给了那双肉手。岂料，恰恰相反，那蒲扇之手是徐太保变化之手，那肉手却是水妖变化之手。那水妖骗得宝剑在手，一剑刺去，徐太保身体竟被刺穿个窟窿，顿时鲜血喷涌，冤死于太湖中。

　　徐太保死后，渔民和村民们为感其英勇侠义行为，将其隆重安葬于水月坞内。据说，至今还有其墓址呢。

抗倭义士群英冢

群英冢位于西山太湖梅园内。大约是明代戚继光抗倭时期吧,一群倭寇到了西山盘踞在东宅河头。他们见鸡抢鸡,见牛抢牛,见姑娘抢姑娘。倭寇的行径激起了西山人的极大愤慨,一些村民自动组织起来,和倭寇展开了坚决的斗争。

一天,四个倭寇到了林屋村,正好有一位姑娘走过来。姑娘年方十八,姿色秀丽。倭寇一见,顿时眼也直了,抓住那姑娘,便往树林中拖去。"救命啊!"姑娘拼命呼叫,喊声惊动了村民,纷纷拿起木棍、铁耙、锄头围了上来,三下五除二,两个倭寇便被打死,剩下两个跑得快,才未成为村民锄下之鬼。

梅园

抗倭义士英雄冢

　　第二天，三十多个倭寇杀气腾腾地来到了林屋村中。族长见倭寇来势汹汹，知道一场恶斗已经难免。他迅速作了安排：妇女小孩赶快转移，村中壮男作拼死一搏的准备。凶残的倭寇见人打人，见狗打狗，一时村中鸡飞狗跳，一片嘈杂。村中十多个男子组成了敢死队，与倭寇作殊死搏斗，但木棍、锄头毕竟挡不住锋利的倭刀，更何况寡不敌众，十多个壮男激战了一个多时辰，不幸全部牺牲。倭寇们也丢下四五具尸体，放火烧了几间民房，扬长而去。

　　为了纪念这些本土英雄，村民挖了一个巨大的坟墓把他们安葬在一起，以便祭祀。后人把此墓称作"英雄冢"，以寄敬仰之意。

小西湖平底螺

小西湖

小西湖位于缥缈峰北麓的西湖山上。唐代时,那儿有一座寺庙,称西湖寺。寺里有一池,叫小西湖。当年,西湖寺香火十分兴旺,唐代大诗人白居易曾在那里读书半个多月,许多文人骚客也纷纷前来以文会友。小西湖内的螺蛳也是大家议论的话题,因为这里的螺蛳与众不同。世界上的螺蛳皆为尖底,但这里的螺蛳是平底的,人称"平底螺"。那么,这里的螺蛳为啥会不一样呢?这里有一个传说。

唐朝乾符年间,有一天,太湖中忽然出现了一尊沉香木制成的观音菩萨像,西山十八所寺庙的和尚们个个感到十分惊奇,方丈们都在湖边烧香祈告,希望能得到这尊从天而降的观音菩萨像。佛教是讲随缘的,因此,他们不能派船只去抢,只能让菩萨自己作出选择。那尊沉香木菩萨就在太湖里漂呀漂,十八寺的方丈们率领着众位弟子,伸长了脖子,盼望着会朝自己寺庙的方向漂来。说来也怪,那天的太湖刮的本是东南风,等那尊观音菩萨像一出现在湖面,竟然变成了西北风,湖浪朝着西湖寺方向打去,那沉香木像也就随着波浪漂来。西湖寺的和尚得到了这尊佛像,高兴得在湖边念了三天三夜的经。

西湖寺和尚在捧起那尊像时,发现观音菩萨的脚上裹有一株小小的莲花。菩萨的身上每一样都是宝贝,和尚们觉得这是观音菩萨赐给他们的仙草,于是,把它栽进了池内。那株莲花一入池内,不几天就开出了洁白耀眼的花来,清香扑鼻,久久不会散去。

西湖寺得到了观音菩萨像,池内又栽有如此清香扑鼻的莲花,声誉大大增加,每天来烧香磕头、观看佛像和莲花的香客络绎不绝、摩肩接踵,寺庙的门槛也踏坏了。有些远道而来的人要求住在庙里,期冀得到一点灵气,寺庙需要扩建方能容纳四方来客了。那天,方丈下山去和一些地方上的富商们商量扩建寺庙一事。方丈前脚刚走,几个调皮的小和尚见他不在,便放肆起来,他们跟着方丈也下了山,去了湖边摸螺蛳,准备开开小荤。湖边的螺蛳很多,摸了半个小时,就已经摸了满满的一桶。他们高高兴兴地来到厨房间开始剪螺蛳,"咔嚓咔嚓",等小和尚们刚把螺蛳屁股全部剪完,想要烧时,一个在外面望风的小和尚脸色发白,急急匆匆地撞了进来:"不好了,坏事了,师父来了。"原来,方丈走访了几个富商,他们都十分赞同帮助寺庙扩建,事情办得很顺利,所以提前回来了。小和尚们万万没有料到方丈会这么快就回来,紧张得手足无措。怎么办?怎么办?要是被方丈知道了,那可不得了,不是

西湖寺摩崖石刻

面壁一个星期,就是罚扫两个月的地,甚至逐出山门。一时人人像热锅上的蚂蚁团团转。藏起来吧,给师父闻到了气味仍要暴露;丢在院内角落里吧,将来查出来反而不好。有个聪明的小和尚说:"把它倒进池里算了。"大家想这倒是个最好的办法,于是就拿起刚剪好的螺蛳,不管三七二十一,往后面的池内一倒了事。

螺蛳剪去了尾部一般都不会活了,小和尚们想螺蛳倒在池底,死了就陷在泥里了,方丈就什么也不会知道了。谁知第二天,有个细心的小和尚来到池边,竟发现石块上爬着好多的螺蛳。他感到惊奇得很,就悄悄地告诉给其他几位同伴,同伴们也装着无事来到池旁观看,一看果然如此。原来,那池内种植的莲花沾了菩萨的仙气,池水也自然有了仙气,剪掉尾部的螺蛳一入池,沾上仙气,自然能起死回生了。

从此,这小西湖内就有了世界上独一无二的平底螺。

孙坞与待诏坞

　　西山堂里有一村,坐落在一个山里,村名叫孙坞。西山的地名以姓命名,一般来说,都是因首居此地者名之。那么,孙坞里是不是都姓孙呢?经过考证,居然一户孙姓都没有。整个坞里五六十户人家,都姓陆,没有旁姓。那么,孙坞的名称是怎么得来的呢?

　　这就要追溯到三国时代。那时,太湖一带归东吴孙权管辖。孙权和他的族兄弟以及大臣们常常游太湖,十分喜欢西山的环境。孙权的侄子孙顺在游玩西山时看中了这个山坞,便在这里造了一幢房子,准备将来过隐居生活。后来,东吴被西晋所灭,孙氏一脉被追杀,他们逃的逃,亡的亡,隐居的隐居。孙顺带着妻儿逃到了这里,过起了山林生活。为了安全,他们住在这个山坞里,难得外出购买一些食物。开始时,人们根本不知道他们姓什么,日子久了,人们才慢慢知道他们姓孙。因而,渐渐地就有了"孙坞"的叫法。

　　过了几年,孙家生了一个女儿,起名孙晴。孙晴长成大姑娘后,坞里闯了一个小伙子进来。此人姓陆,名伯征。交谈之下乃知陆孙两家还有着密切的关系。原来,小伙子的祖先乃当年孙权手下大将陆逊。自从东吴灭亡,陆氏就开始了经商生涯。陆伯征却生性好动,喜欢游山玩水,追寻历史足迹。他文才颇好,仰慕司马迁和班固,也想学学他们,挥就千秋文章。那一年,他从浙江出发,一路乘船来到西山，不知怎么竟一头撞进了这个山坞里。也许天意如此，他和孙氏要结下一段姻缘。

孙顺客气地接待了他，看到陆伯征仪表堂堂，很是赏识。孙姑娘见小伙子英俊潇洒，才华横溢，心中竟怦然而动。陆伯征呢，看到姑娘有闭月羞花之美，顿时心里荡起一池春波。两人彼此一望，心中的火花就燃烧了起来。孙顺看在眼里，喜在心头，第二天，他直截了当地问陆伯征有没有成家，陆伯征竟像个姑娘一样脸红了，忙说还没有。孙顺问他愿不愿意入赘孙家，陆伯征点点头，孙顺大喜。过了三天，他就为女儿举行了婚礼。

新婚是欢乐的，陆伯征沉浸在无比的快乐之中。这样的日子过了一年，妻子怀孕了。要当母亲了，孙晴感到了一种幸福。但陆伯征呢，却有了一种忧郁，因为有一天他碰到了堂弟，堂弟告诉他，他家遭到了不测，父亲留言要他寻找仇人。这真是个晴天霹雳，他连夜跟着堂弟走了。因怕妻子担心，陆伯征什么也没有对妻子说。陆伯征走后，就再也没有回来。

孙晴十月怀胎，生下了一个男婴。她日夜思念丈夫，不知丈夫为何弃她而去。为了怀念丈夫，她为孩子起名陆召夫，希望孩子能为她召回夫君。孩子慢慢地长大了。他总不见父亲，嚷着问母亲："父亲在哪里？他去干什么啦？"母亲骗他："父亲去很远很远的地方做生意了。"孩子就坐在坞口呆呆地望着，希望父亲会突然降临。一日复一日，一月复一月，一年复一年，在无数个期盼中等来的都是失望，陆召夫也由一个不懂事的孩子成长为一个英俊潇洒的小伙子。母亲见再也瞒不住了，就把过去的事一五一十地告诉了儿子。陆召夫决定外出寻找父亲,他去了太太公陆逊的故居,顺着陆氏一脉寻找了好久好久,但一点消息都没有。一年后,他回到坞里,娶妻结婚,养儿育女,一心侍奉母亲至终。

后来,孙坞中又来了一些陆氏的后代。他们为了谋生,学会了吹鼓。西山人结婚办喜事把他们请去吹吹打打,热闹一番。再后来,还经营起了办丧事的业务,当地人将此行称为"待招"。因为只有这个坞内陆氏从事此业,人们干脆就把这个山坞称为"待招坞",孙坞之名渐渐湮灭了。

文徵明《涵村道中》诗碑拓片

关于待招坞,还有着另一个故事。待招坞另一个称呼是"待诏坞"。"待招"与"待诏"音同字不同,意思也有一些区别。"待招",等待招呼、召唤;"待诏",等待诏命。诏命,自然是指皇帝的命令,后衍生为一个官职名。

话说明代时，孙坞里出了一位画家陆治。陆治拜著名的书画家文徵明为师。文徵明经常来到西山，住在陆治家里。当年文徵明就是翰林院待诏，人称"文待诏"。日子久了，人们都知道孙坞里有个文待诏。因此，后人又把孙坞称为"待诏坞"。村里人说，当年文徵明在墙上画了一幅仕女画，刚画完，那位美女竟从墙上走了下来，惊得人们目瞪口呆，傻傻地一动不动，等回过神来，那美女又回到墙上去了。

明陆治《花溪渔隐图》

乾隆与铲刀汤

乾隆皇帝喜欢出宫游历，微服私访，曾数下江南，留下了不少笑料。"铲刀汤"就是其中的一则趣事。

西山是个好地方，包山坞中的包山寺为江南最大的古刹之一，因而名动江南。清顺治帝因包山寺内的住持做佛事有功，曾亲赐"敬佛"匾额一方。包山寺因而更加有名。乾隆皇帝也由此在一个风和日丽的晴天，游览了西山。

那一天，浩瀚的太湖碧波微漾。远处，一艘艘捕鱼的小船，犹如一片片树叶，漂于湖面；空中一群群白鸥忽而上忽而下，追逐着，嬉戏着。山如黛，景如画。乾隆目睹太湖似一位娇美的少女，龙心大悦，一路上，指指点点，哈哈大笑。遗憾的是纪晓岚不在身边，否则，吟诗对句，岂不更加快哉！

好景恨时短，不知不觉船已到了西山。乾隆和随从从元山上得岸来，一路上东逛西游，到包山坞时已过了中午。那时，他觉得饥肠辘辘，想起吃饭来，但山中无店。正自烦恼，恰见前面有一尼庵，曰大慈庵。于是，他们走上前去，想讨口饭吃。不料，尼姑们早已用过中饭，锅中只剩下一张锅巴。乾隆的随从说明了来意，老尼看着他们一脸倦容饿相，便嘱咐小尼姑妙青将锅巴加了水，烧了烧，每人给了一碗。要知，饥饿之人，闻到饭味，便觉一股清香扑鼻。乾隆喝下锅巴汤便如同喝下了人参汤一般。不，比人参汤好喝,香喷喷,甜津津,真是好汤啊好汤。放下碗,他还想再喝一碗,但锅已朝天,没了。乾隆吃惯了鱼肉佳肴,哪里品尝过这样的食物,连问这是什么汤?小尼一听,想,这是锅巴汤,还有什么名堂好叫?她看着这些施主,好像不懂百姓生活,于是,有心戏弄一下,便脱口道:"这是我们庵内有名的铲刀汤啊。"说完,冲着乾隆一个浅笑,扭身就走。乾隆看着小尼,眼如泉潭,脸似桃红,齿如皓月,不禁一呆,心中叹道:"唉,天生丽质,妙不可言,可惜啊,可惜!"随从们朝乾隆一望,见他正在发呆,不禁偷偷好笑,想:乾隆啊,乾隆,好个风流皇帝,在苏州城内已留下不少风流韵事,莫非想在西山也留个皇种不

包山寺

成?眼见天色不早,还得上包山寺,返回苏州天恐怕要黑了。于是,催着乾隆要走。乾隆这才回过神来,道了谢,依依不舍离庵而去。

不说乾隆烧香拜佛,单讲乾隆回了皇宫后,每天吃着山珍海味,吃得腻了。一日,忽然想起那天在西山吃过的铲刀汤来。于是,命人叫御膳房做那铲刀汤。大内名厨,见过历代名菜食谱,却从未见过什么叫铲刀汤的。但皇帝要喝,谁敢不从?然铲刀汤用什么做成,厨师却从未见过。这下把他们急坏了,于是,他们只得去请教太监总管。幸好总管那次曾随乾隆到过西山,也在随从之列,遂将此汤的来历说与众厨。御厨就照着总管的说法,烧了一碗。但

乾隆喝着,觉得清淡无味,把御厨骂了一顿,说,大内名厨,竟烧不出乡野庵内的汤来,真是废物,并下旨要大内总管带御厨去西山学习铲刀汤的烧法。

你道那庵内的锅巴汤为什么好喝?一来用了包山坞内的优质清泉;二来嘛,饿肚好吃食。现在乾隆回京,一来无此清泉,二来不饿,自然也就吃不出当日的滋味来了。

乾隆与铲刀汤

秦敏树之《林屋山民送米图》

在今天的苏州图书馆中珍藏着一幅著名的长卷,长卷生动地再现了晚清时期西山百姓给廉吏暴式昭送米送柴的情景。图中的林屋山上白雪皑皑,山下几间低矮的茅草房,那是暴式昭的家,几个山民肩背着米袋走在山中的小路上,而暴式昭的门口,早已有人送来大米,放在草地上,然后默默地离开,图的右侧,有一只小船停在岸边,大概是刚来送米送柴的……右侧上方,是作者所书的长诗。

这幅长卷便是著名的《林屋山人送米图》,是清末西山诗人、画家秦敏树的存世大作。

秦敏树(1828—1915),洞庭西山秦家堡人,字散之,号冬木老人、林屋散人。工诗画,太学生,授浙江候补典

林屋山民送米图

史,年轻时有意于功名,曾入湘军当幕僚,后目睹清朝吏治日益腐败,民不聊生,秦敏树舍弃仕途,回西山老家秦家堡敬吉堂隐居,将自己的书屋名为"小睡足寮",从此寄情于山水间,成为本地著名的诗人、画家。清同治八年(1869),他主编八修《洞庭秦氏宗谱》。

光绪十六年(1890)十一月,来西山的甪头巡检司当了五年巡检的暴式昭被上司撤职了。

在西山岛上设置巡检司的事始于宋朝元祐八年(1093),那时,朝廷在西山甪头设置巡检司,主要负责对太湖水面的防卫及地方治理。自此以后,在封建王朝的历朝历代中,巡检司的巡检就成了西山地方的管理者。虽然巡检官例"末秩",仅为从九品,但于地方而言,也是一个吃皇粮的官。

暴式昭,河南滑县人,于清光绪十一年(1885)来西山任太湖厅甪头司巡检。这些年来,暴巡检为官清廉,兴

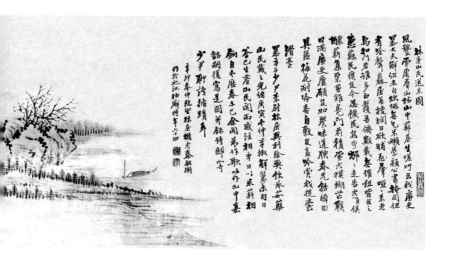

秦敏树之《林屋山民送米图》

利除弊，赢得了西山民众的拥戴，但他生性耿介，刚正不阿，从不孝敬上司，因此被上司看作性情乖张，做事荒谬，并多次训斥，光绪十六年（1890）十一月因外地人来西山放蜂的事件得罪了上司而被革职。

暴式昭来西山的五年里，为官清廉，生活节俭，而且还用他低微的俸银为西山做了许多实事。这次被革职后，他断了薪俸，既无钱回河南老家，又没米下锅，生活极其艰难,平日只能靠四邻的一些接济维持生活。到了十二月初，西山的百姓都知道了这件事，于是纷纷自发冒雪送米、柴及其他生活用品到暴式昭家，这场送米救助行动历时一个多月，直到第二年的初春，西山八十多个村，七八千户百姓送来大米一百多石，柴十倍之。鸡鸭鱼肉不计其数，暴式昭只取了其中几斗米、几担柴、几块肉作为家人过冬过年之用，而将其余的全部分给了岛上贫困百姓和继善堂。

清光绪十七年（1891）三月初六，暴式昭携家眷返回河南老家，归舟所载仅书数十卷、压舱所用的太湖石三方，以及质卷（典当凭证）一束而已。临行时，民众跪拜桥头，泣不听行。经暴式昭再三劝说大家始离去。

暴式昭的清廉有为，秦敏树与山民一样感同身受，看到民众对一个清官如此爱戴与支持，秦敏树感慨之余，奋笔挥毫绘出了这幅《林屋山人送米图》，并以长歌一阕展其心扉。

长卷甫成，秦敏树请名人俞樾在图卷上题写"林屋山人送米图"几个苍劲有力的篆字，同时俞老再为长卷题诗、题词。而后，在清末、民国时期更有众多的名人为此图题鉴并作序，诗画合璧，成为一件极富价值的艺术珍品。

留婴堂与暴式昭

在西蔡里的西端，演武山下，有堂室三进、总占地三百多平方米的院落，湾里人都称其为"留婴堂"，这里也曾经是名闻西山的民间慈善之所。

留婴堂，初创于清乾隆年间，当时社会已进入史称"康乾盛世"的年代。西蔡里，因蔡氏望族的经营，已形成一个人丁兴旺的自然村落，然而其中亦有诸多的弱势群体，或为情势所迫，致使族中孤儿无所依傍。为此，里间蔡氏乡绅创办了留婴堂，以收养孤儿为主。在随后的岁月里，西蔡里留婴堂以德行善举，闻名西山。留婴堂也更名为"继善堂"，并发展成为西山的民间慈善机构。清光绪十一年（1885），河南滑县人暴式昭来西山任太湖厅甪头司巡检。巡检一职是最小的官（从九品），薪俸很低，生活很清苦。但暴式昭坚守操行，为官清正廉明，非其所得一文不取。当时西山地方有个陋习：地方上的商家每年都须向本地官员交纳保护费以求翼护。这一年，暴式昭初到任上，西山的三家典当商按例规向巡检"纳钱三百六十千"，面对这笔可观的"贡金"，暴式昭"操行艰苦，临财不苟"，他知道辖区内的西蔡里有个收养孤儿的继善堂，民间的善行更需要资金的扶持。为此，他将这笔钱全部捐给了继善堂，自己毫厘不取，廉史的操行与善举在西山岛上传为佳话。

暴式昭纪念馆

继善堂一直到民国时期仍从事着民间慈善活动。20世纪末，屋宇渐倾。近来，民间佛教信众在原地上重建院落，将其设为禅院。如今，这里低沉的诵佛声中，亦包含了一份对先人善举的吟诵。

包山寺护书记

　　江苏省立苏州图书馆成立于民国三年（1914），馆内藏书十万余册，其中不少善本、宋元明清珍本，素为海内外学术界所称誉。民国26年（1937）卢沟桥事变后抗战全面爆发，当年8月3日，馆长蒋吟秋召开馆务会议，决定将古籍善本及重要文卷，装箱移藏到安全地带。8月4日起，从宋元明清刻本、抄本、稿本中选出精品，分装八箱，计三百六十种。13日清晨，由徐湛秋等押运至东山鉴塘小学，并留人保管。9月4日，第二批二十五箱图书及文卷六箱由陈子清、夏文光等运至西山，藏于包山寺满月阁，并砌复壁隐藏。9月28日，又将最后一批九箱图书及目录卡片运至包山寺。嗣后，蒋吟秋被迫避居上海。临走前，他任命徐湛秋为移藏洞庭东西山保管主任，并负责上海与乡下的联系；同时将自己当小学教员的妻子陈啸秋派到东山，协助照料，以稳定留守人员的情绪。此后不久，苏州沦陷，时局恶化，留守人员实在无法维持，各自回原籍。在这种情况下，东山藏书由鉴塘小学校长周知章负责，西山藏书由包山寺住持闻达负责。

　　西山为偏僻孤岛，包山寺又地处深坞，故沦陷期间日寇从未到过包山寺。闻达曾师从高僧太虚、大休，精于文墨诗画，对保存书籍富有经验，定期将复壁中的书籍通风日晒，故八年之中书籍无一出现受潮或霉变，可谓功德圆满。闻达又兼主苏州龙池庵，常以僧人身份往来于苏州市

闻达和尚

区及东西山间,为保护两地书籍想尽办法,百计维护。他外出时由其徒云谷和尚负责守寺,毫不松懈。其间敌伪"清乡",曾派出密探到处刺探藏书之所,幸西山当地群众严守秘密,无人泄露消息。后日寇听人说藏书已由新四军转移到浙江长兴山里去了,遂作罢,藏书终得保全,安然无恙。

抗战胜利后,蒋吟秋奉命回苏接收苏州图书馆。民国三十五年(1946)4月11日开始,将东西山藏了八年之久的珍贵图书文献,陆续分批运回苏州,至4月28日,全部运完。这是吴中文物之幸,闻达等护书有功人员,受到了民国江苏省政府、省教育厅的嘉奖,吴江金鹤望先生曾撰《完书记》一文详述其事,一时传为佳话。

横山岛打响苏州太湖抗日第一枪

1943年8月6日，太湖独立救国军司令、中共苏西县委委员薛永辉率领近百名游击队员，乘十多只船又一次进驻西山北部的横山岛开展群众工作，在盘龙寺开会，动员贫苦青年参加游击队抗日救国（当时横山有罗长顺、罗启福等参加），并在外面布置了几个哨位站岗。这天，驻扎在西山东河镇上的鬼子小队中，有几个鬼子同一个翻译（西山头陀桥人，姓周）乘船到堂里、甪里一带威吓百姓，在甪里吃过中饭后即驾船返回，路过横山时在横山南面的观音堂港停靠上岸，想到横山吃鸦片和敲竹杠。当他们向北走到韩家湾的伪保长家附近时，发现了游击队的哨兵在放哨，就迅速向南逃退，同时哨兵也发现了鬼子，当即吹响哨子示警。

横山岛盘龙寺

薛司令得知敌情后，组织游击队员分上下两路追击鬼子。上路队员居高临下，用枪猛烈开火，使退回船上的敌人无法出舱驾船，只能随风漂流，向大干山方向逃窜。下路队员对敌人穷追猛打，但鬼子登船后就在船舱中开枪还击，游击队员便用开摆渡船的孙顺祥的一只小船挡在前面，下水追击敌人。在上下火力夹击下，船上的鬼子、伪军大多受伤，有的掉在太湖里，有的躲在湖中的季鱼浮墩（松枝、柴草制成，用以捕鱼）里，第二天才被救去。这次战斗中，鬼子小队长须川直一被打死，汉奸翻译被活捉（后被处决），驻西山鬼子受重创。驻木渎的鬼子中队闻讯后，乘汽艇、轮船到横山附近，但因不知游击队虚实，不敢登岸。夜间，游击队乘黑在北罗湾开船，沿岸边向北离开横山，向无锡马山安全撤退。此次横山战斗，是游击队在太湖第一次与日寇直接交战，极大地鼓舞了太湖抗日军民的斗志。此后，驻西山的鬼子再也不敢小股出动骚扰地方、为非作歹了。

鹿村小学的革命斗争

1948年11月,苏州群社在观前街国华银行楼上开会,遭国民党青年军202师破坏,部分同志跳下后楼走承德里撤离。之后,苏州城里一片白色恐怖。当时,西山鹿村小学通过校长费燕诒(后埠人)老同学的关系,先后接收了苏州城里社教学院、苏高工、慧灵女中、文心图书馆、艺声歌咏团等单位的地下党员二十一人次来隐蔽,其中有周善德、夏锡生、盛瑞若、赵咏、杨授经、袁祖德、沈家鹤等,保存了革命实力。为了能容纳更多的人员,通过县参议员郑梨村(甪里人)、县教育局局长王志瑞的关系,学校由一班发展为三至五班,成为一所完小。早在1947年下半年开始,国民党政府已基本不管学校经费,鹿村小学的老师及隐蔽同志都只能依靠自己及学生家长解决吃饭问题。后又通过杨授经的关系与太湖游击队接上了关系,鹿村小学在地下党及游击队的领导下开展了一系列的革命活动。

根据国民党政府学校可以兼办民众夜校的规定,鹿村小学在整个西山东部分点办了十一所民众夜校。学校供给学习材料,学员自带灯火。学生最多时达五百五十多人,有老人,也有青壮年,还有一部分妇女。夜校教材基本上是采用陶行知编的晓庄师范教材,至今当年上过夜校的老人们还记得第一课就是"青菜·豆腐·青菜豆腐汤"。从1948年春到解放,共办了近二十期《巨浪》油印报(四开至八开),内容主要是登载宣传革命的文章及解放战争进展消息等。这些小报，都是白天编好，上半夜集中人力突击刻印，下半夜分头去分发张贴，除堂里等地寄去外，其余都连夜送到各村小店、学校、保长家，每家都从门缝中塞进去。有一个组在东河趁哨兵走开之机，竟将报纸贴到了水警队东河中队部里面的墙上。为了开辟解放区的消息来源，鹿村小学的同志通过上海的关系，得到《新华日报》和《灯塔小丛书》等，并在上海用一台"增你智"收音机收听延安广播，记录下来后一起寄回西山。为了使邮件少过关，经申请在鹿村小学设立了一只邮政信柜，这样邮件可直接由苏州分发打包直达鹿村，再将信件托各村学生带给收信人。

鹿村小学当时除算术外，都停用旧的"国定教科书"，改用进步教材。国语改用开明书店叶绍钧编、丰子恺画的课本。公民改用西南联大费孝通、吴晗等编的民主教材。另外还选用鲁迅、高尔基、丁玲等人的作品刻印讲义，作为辅导教材。社教学院、苏高工来的同志，既教一般的文化课程，又教新美术和进步的民歌、秧歌，当年的学生至今还会唱他们教的《读书郎》《山那边呦好地方》等歌曲。还组织地下少先队，队员都是四年级以上的学生骨干，每周六下午进行组织活动，专门进行革命教育。当时少先队员的主要活动有做民校的"小先生"，协助办好民校；护校站岗放哨，当时主要的哨点设在御驾山上；其中六七个队干部与老师一起刻印和分发《巨浪》报；由学生自办了一个"火花图书馆"，积存了不少进步书籍。为了扩建校舍，学校向旅外同乡募捐，有的老师把自己家里的材料、家具也无偿给了学校。

鹿村小学的革命活动引起了地方当局的注意。西山练渎镇镇长兼元山中心小学校长徐惠民（东河人）注意到了鹿村小学的情况，但碍于郑参议员和王局长的关系，又因当时临近解放，想"跨两头"而未对鹿村小学采取行动。后来驻在镇夏庙场的国民党保安第九团到鹿村小学抓人，但因鹿小先得消息，人员已分散，材料也隐藏起来，让他们扑了个空，结果抓走了其他学校的两名女教师秦淑英、王毅凡，解至东山后，旋即经人保释回西山。1949年，鹿村小学的同志为迎接解放，积极与全西山的教师联络，组成西山教师联谊会，稳定了全区教师情绪，使全区二十六所学校无一停课。

后埠费燕贻老师故居

鹿村小学的革命斗争　143

编后记

关于西山民间故事，2004年曾经出过一本集子，但它在西山流传不广，很少有人见过这本集子。因为它是与吴中区光福、木渎等乡镇合成一套出版的，刊印的数量也不多，西山仅有几套留存。那本书由于时间关系，散落在西山民间的故事传说也来不及收集，故而缺失较多。鉴于此，金庭镇历史文化研究会决定重新编写，并命名为《太湖西山掌故》。本书内容参考了原来的西山民间故事集以及《西山镇志》《阅读西山》《又读西山》等书籍上的内容。

本书收集了四十余篇故事，更注重收集景点景区所发生的故事，旨在为西山文化旅游事业发展做出贡献。这些民间故事有精华，也有糟粕，我们注意选择，取其精华，去其糟粕。当然，发生在西山的故事远远不止这些，挂一漏万在所难免。

由于时间仓促，编写水平有限，缺点与错误一定不少。敬请读者批评指正。同时，感谢同人们的辛勤努力！借出版之际，亦感谢所有关心和支持这本书出版的各界人士！

编者

2022年12月